DO MESTRE PERFEITO
E SEUS MISTÉRIOS
*5º G*RAU

Jorge Adoum
(Mago Jefa)

*DO MESTRE PERFEITO
E SEUS MISTÉRIOS*
5º Grau

BIBLIOTECA MAÇÔNICA PENSAMENTO

Editora
Pensamento
SÃO PAULO

11ª edição 2011.

1ª reimpressão 2017.

Todos os direitos reservados. Nenhuma parte deste livro pode ser reproduzida ou usada de qualquer forma ou por qualquer meio, eletrônico ou mecânico, inclusive fotocópias, gravações ou sistema de armazenamento em banco de dados, sem permissão por escrito, exceto nos casos de trechos curtos citados em resenhas críticas ou artigos de revistas.

Capa: Rosana Martinelli

Projeto gráfico e diagramação: Verba Editorial

Revisão de texto: Adriana Moretto de Oliveira e Gabriela Morandini

Dados Internacionais de Catalogação na Publicação (CIP)
(Câmara Brasileira do Livro, SP, Brasil)

Adoum, Jorge, 1897-1958.
Do mestre perfeito e seus mistérios: 5º grau / Jorge Adoum (Mago Jefa). — 11ª ed. São Paulo : Pensamento, 2011. — (Coleção Biblioteca Maçônica Pensamento)

Bibliografia
ISBN 978-85-315-0182-1

1. Maçonaria 2. Maçonaria — História 3. Maçonaria — Rituais 4. Maçons I. Título. II. Série.

11-00959   CDD-366.1

Índice para catálogo sistemático:
1. Maçonaria : Sociedades secretas 366.1

Direitos de tradução para a língua portuguesa
adquiridos com exclusividade pela
EDITORA PENSAMENTO-CULTRIX LTDA.
Rua Dr. Mário Vicente, 368 - 04270-000 - São Paulo, SP.
Fone: (11) 2066-9000 - Fax: (11) 2066-9008
E-mail: atendimento@editorapensamento.com.br
http://www.editorapensamento.com.br
que se reserva a propriedade literária da tradução.
Foi feito o depósito legal.

Sumário

1. Simbolismo maçônico... 9
2. Do seio da história.. 14
3. O processo da criação e da morte de um ser humano é igual à criação e ao fim do mundo....... 26
4. A verdade simbolizada.. 33
5. Conceitos preliminares sobre o 5º grau de mestre perfeito... 40
6. Decoração do capítulo e iniciação...................... 43
7. O que deve saber o mestre perfeito................... 49
8. O corpo de desejos ou astral................................ 65
9. Os mundos invisíveis 79
10. Os ciclos da vida e da morte............................... 89
11. O mestre perfeito deve estudar o corpo físico e a medicina universal............................... 124
12. O mestre perfeito deve estudar o corpo astral ou de desejos e a medicina universal....... 127
13. O mestre perfeito deve estudar o corpo mental e a medicina universal.......................... 134
14. O mestre perfeito deve estudar a religião dos sábios.. 141

Bibliografia.. 157

DO MESTRE PERFEITO E SEUS MISTÉRIOS
5º GRAU

1. Simbolismo maçônico

1. A Maçonaria tem uma linguagem sagrada, que se chama SIMBOLOGIA.

Estes símbolos representam os princípios eternos da lei natural e não podem ser trocados, nem alterados, porque são a linguagem da verdade, que emana do Absoluto. Uma doutrina tem necessidade de uma linguagem universal e imutável, tanto em sua forma como em profundidade, como nas figuras e no que estas expressam. O sentido oculto e problemático das palavras tem semeado, em todos os tempos, a confusão e a desordem no mundo, fazendo o gênero humano abandonar o caminho da razão e da verdade.

"Os cristãos do Oriente e do Ocidente discutiram e se bateram ferozmente durante quatro séculos; os mais fortes degolaram os mais fracos, sem mais razão do que esta absurda sentença: Deus o quer." (Dareres: *Estudos Filosóficos*).

O idioma simbólico é um e indivisível, não podendo modificar a significação de suas figuras e de sua expressão. Os idiomas nacionais não podem oferecer a mesma vantagem, porque se transformam sem cessar e se degeneram rapidamente com os seus sentidos figurados, metáforas, hipérboles. Isso nos ensina que os tropos não expressam mais do que uma ideia, enquanto os símbolos formam um quadro, representando todas as ideias de um objeto.

"O idioma simbólico é uma arte e a arte é um pensamento mudo, que nunca se reproduz melhor do que por meio de imagens. As palavras podem descrever e ensinar uma religião ao intelecto, porém, unicamente os símbolos têm o privilégio de, enquanto falam aos olhos, revelar ao espírito todos os atributos de sua natureza".

"Uma língua universal, continua dizendo Dareres, que ao invés de se corromper, se aperfeiçoa e se enriquece à medida que envelhece, é uma ajuda preciosa para uma instituição esparsa em toda a superfície da terra, e que se acha dividida em pequenas corporações independentes entre si. Pelo motivo de que por ela se conservam a unidade da fé, a pureza da doutrina, a ortodoxia da sua lei, a homogeneidade do ensino e o fluido elétrico da ciência social, que se comunica por todas as partes com a mesma força, produzindo por igual os mesmos efeitos".

Há mistérios na Maçonaria que o espírito deve compreender, deve sentir, sem tratar de defini-los. O que é crença e luz pode ser representado pelo símbolo, mas não pode ser explicado pela lógica das palavras. O símbolo dos Sephiroth, dos cabalistas, que encerra num simples quadro os atributos de Deus e suas propriedades espirituais, é uma imagem grandiosa e sublime que nos inspira admiração e respeito, mas que nos impõe humildade e devoção.

Toda doutrina que materializa sua fé e revela seus mistérios desaparece. O catolicismo subsiste pelos mistérios dos seus sacramentos e a Maçonaria prevalece por seu incomunicável segredo que preocupa Roma e sua corte.

2. Irmão aspirante a mestre perfeito, sabe você quem foram Elifas Levi, Ragon, Oswaldo Wirth, Papus etc.?
Se você não os conhece, assemelha-se a um maometano que não conhece o fundador da sua religião nem o lugar onde ela foi fundada ou então, a um cristão católico que nunca ouviu falar do Papa nem de Roma.

Pois bem, estes super-homens foram os verdadeiros depositários dos mistérios e do *segredo maçônico*, e esforçaram-se no século passado em devolver à Escola Maçônica seu valor iniciático, sua finalidade espiritualista e seu poder mágico, que havia perdido por influência do ambiente, que a converteu num organismo social dedicado à luta política e religiosa.

O objetivo da Maçonaria é transformar o homem em super-homem, num Deus. A Maçonaria, a religião, a medicina etc. não são responsáveis pelas faltas e defeitos de seus ministros, todos filhos do egotismo da época. A Maçonaria encerra em seus símbolos e ritos, todas as tradições e ciências; oculta em seus rituais todos os mistérios e guia o homem no caminho da verdade até DEUS.

A Maçonaria, como é de origem iniciática, está provida de dois aspectos: um externo e circunstancial e o outro interno e de índole secreta.

3. Como uma escola iniciática, a Maçonaria tende a libertar o homem de sua escravidão mental, mas essa libertação deve ser paulatina, na medida do adiantamento intelectual do homem. Adiante veremos como os magos e sacerdotes dividiam os mistérios em menores e maiores, em externos e internos, em lendas e em verdades.

A lenda de Salomão e Hiram Abiff é uma delas.

Os maçons bem esclarecidos não concedem nenhuma importância histórica às famosas tradições que dão princípio à Maçonaria no Templo de Salomão, porque estão seguros de que Salomão não teve nem arte nem parte na formação da Maçonaria. Nós podemos afirmar e sem temer equivocar-nos, que Salomão — o confeccionado pela Bíblia — nunca foi, sequer iniciado porque, como diz M. Huet, "se eu quisesse escrever a novela ou a história de um assassino, tomaria a David ou a seu filho, Salomão, por herói. Na Bíblia há dois Salomãos: o primeiro é aquele super-homem, o símbolo do ser perfeito, o verdadeiro iniciado e simbólico "a quem apareceu o Senhor e disse: pede o que quiseres, que te darei... e Salomão, respondendo, disse ao Senhor: dá a teu servo um coração dócil, para que possa fazer justiça a teu povo e discernir entre o bom e o mau". Pois, esse Salomão simbólico, a Maçonaria adotou entre suas lendas como exemplo de virtude e de perfeição. Mas não o segundo Salomão, o descrito na Bíblia, que cometeu crimes e assassínios mais do que os de Calígula e Nero.

Buscar a origem da instituição não conduz a nada. A história da Maçonaria é a mesma de todas as sociedades iniciáticas: é um fato da natureza, que escapa ao intelecto do homem.

A Maçonaria foi perseguida por papas e reis e, não obstante, continua lutando contra o despotismo, a tirania e a intolerância, levantando a gloriosa bandeira da liberdade, igualdade e fraternidade (a fraternidade universal). Cada religião, cada escola iniciática, subsiste por seus mistérios, como veremos nos capítulos seguintes.

2. Do seio da história

4. *Mistérios egípcios* — Os sacerdotes egípcios possuíam os mistérios internos, do homem real, e ensinavam esses mistérios nos templos de Mênfis. Os iniciadores egípcios sabiam e praticavam a iniciação dos mistérios de ÍSIS E DE OSÍRIS, que remonta a mais de três mil anos antes de Cristo! Sua doutrina tinha dois aspectos: o primeiro era o lado oculto da reencarnação e o segundo se baseava no conhecimento do homem.

A iniciação egípcia era dividida em pequenos e grandes mistérios. Os primeiros eram religiosos e públicos e os segundos eram científicos e privados.

Quando os altos iniciados reuniram em seu colégio todas as artes e todas as ciências das idades, dividiram, então, a iniciação em *sete graus*.

No Alto Egito, os iniciadores, sucessores de Sesodetris, exerciam uma espécie de soberania e privilégio sobre os reinos de Mênfis, This etc. Estes sacerdotes egípcios reservavam as luzes para um pequeno número de adeptos escolhidos e julgavam que, desta maneira, agiam em benefício geral. Para dizer a verdade, não estavam equivocados, porque a sociedade imoral utiliza a ciência como uma arma perigosa para ferir, ferindo-se ao mesmo tempo, como está sucedendo no mundo atual, e assim sempre se repete esta máxima sábia: "Tudo para o povo, nada pelo povo... não se deve dizer a verdade senão à gente de bem".

Os sacerdotes egípcios praticavam os antigos mistérios mais em favor dos povos do que dos sacerdotes.

Os antigos egípcios, sem dar a ciência para todo o mundo, ditavam leis para o bem-estar do povo, enquanto que, atualmente, a ciência está para todos e nossos legisladores ditam nossas leis com um egoísmo muito bem calculado.

Nos mistérios, os reis e legisladores, os sábios e os grandes do Egito adquiriram os profundos conhecimentos. E os egípcios não foram felizes, senão quando foram governados pelos Faraós iniciados. Esses foram respeitáveis maçons, sem que existisse Maçonaria no Egito.

5. MISTÉRIOS DOS MAGOS:

Os sábios persas, alguns milhares de anos antes da era vulgar, formaram na Pérsia uma sociedade mística, o *colégio dos magos* (de MÁGH, grandeza, sabedoria).

A instituição dos magos tinha por objeto conservar os vestígios e segredos das ciências e das artes dos tempos primitivos, e de formar um dogma religioso que, sem escandalizar os espíritos débeis, teve o poder de reprimir e conter a força brutal dos primeiros homens. Essa sociedade deu origem aos símbolos, que, com a doutrina dos magos, podiam propagar-se sem nenhum risco. A luz do saber foi distribuída, gradualmente, e seus iniciados nunca foram tachados de ateus nem impostores.

Deus, para os magos, é tanto inefável como incompreensível; por tal motivo, era necessário dar aos povos dois emblemas representando Deus, e são: O SOL E A NATUREZA. O primeiro era considerado como o retrato de Deus ou como o mais belo de Sua criação; o segundo era considerado como expressão de Sua vontade, que era como código das leis que regem o universo.

Com o andar dos tempos, aqueles grandiosos símbolos, linguagem dos magos, foram transformados pela ignorância e pelo fanatismo, em fábulas ou mitos dos povos.

Tal foi a doutrina que deu origem a Deus, sob o nome de Mitra, Osíris, Sesostris, Baccho, Chamos, Apolo, Minos etc. e a grande deusa Prakriti, Ísis, Salambo, Vênus, Diana, Vesta, Ceres, Maya, Maia etc.

Esta é a magia, designada, às vezes, como *ciência oculta*, com a qual os sábios explicavam os fenômenos naturais, nos quais não há nenhum milagre sobrenatural, e, outras vezes, era chamada a arte de operar fisicamente as maravilhas. Esta magia é a origem das ciências humanas e da civilização...

6. Ao distinguir entre as épocas os homens, temos:

1º OS SÁBIOS ou MAGOS que tinham e têm, até o momento, as chaves dos mistérios antigos e modernos.
2º Baalbek foi um centro de iniciação e da religião dos magos, como o de Jerusalém.

3º Até o momento, os sábios *não iniciados* não podem compreender como foi construído seu Templo, hoje, chamado fortaleza.

4º O primeiro, Zoroastro, não foi seu fundador, mas seu reformador, 2.167 anos antes de Jesus Cristo.

7. A religião mitraica dos magos tem uma lenda como a Maçonaria. É a seguinte: Mitra (luz), segundo a mitologia dos magos, nasceu da "rocha generativa", debaixo da sombra de uma árvore sagrada. Uns pastores foram testemunhas do milagre. Viram-no sair da rocha, com a cabeça adornada com um gorro frígio, armado de um *cutelo* e levando uma tocha para iluminar as trevas das profundidades inferiores. Os pastores o adoraram e ofereceram-lhe frutos de seus rebanhos. Como ele estava desnudo, foi a uma figueira, comeu de seus frutos, fez uma vestimenta com suas folhas e saiu ao mundo para medir suas forças com todos os poderes. O maior inimigo dele foi um touro criado por Ormuzd. Depois de uma luta titânica com o *animal*, dominou-o e arrastou-o até a cova de sua própria morada. Voltou o touro a escapar, e Mitra, obedecendo à vontade e decreto do Deus Sol, teve que perseguir novamente o touro e, agarrando-o pela abertura do nariz com uma das mãos, com a outra afundou o cutelo na sua ilharga.

Do corpo da vítima brotaram todos os vegetais e plantas da terra, da corda espinhal brotou o trigo e de seu sangue brotou o vinho, como bebida sagrada nos mistérios. Na última ceia com os iniciados, Mitra se identifica

com o Sol-Pai, e, assim, terminam suas lutas. Logo o Pai-
-Sol o ascendeu ao céu, na sua radiante quadriga, e das
alturas do céu nunca deixou de proteger os fiéis que po-
derosamente o serviram.

Em livros escritos para o público, não podemos levantar o véu para descobrir o mistério da lenda.

Também vemos que a religião Mitraica ensina a sobrevivência da alma e o castigo ou a recompensa depois
da morte. Para dar a entender ao leitor algo do mistério,
diremos estas poucas palavras:

"O impulso natural do sexo é a luta pela existência, é a
fonte de todo esforço e emoção, por mais sublime ou por
mais degradante que possam ser os desejos que atuam de-
trás das paixões."

Agora, cabe a nós falarmos acerca dos FILÓSOFOS
GREGOS E DOS TAUMATURGOS.

8. OS FILÓSOFOS GREGOS, que começaram a aparecer
no século V antes de Cristo, tiveram tantos talentos e virtudes como os magos, seus antepassados. "Os antigos, disse
Buffon, converteram todas as ciências em utilidades... Os
filósofos gregos trabalharam para deixar à posteridade
algumas constituições políticas. Eles conferiram tudo ao
homem de moral, e tudo o que não interessava à sociedade e às artes era desprezado..."

9. OS TAUMATURGOS praticaram a magia no princípio do Cristianismo.

O segredo dos ministérios dos magos nunca se perdeu. Até em nossos tempos existem seres que praticam a verdadeira magia para o bem do mundo, se bem que, hoje, não a chamem por este nome.

Os fundamentos de sua obra tinham por base o nacionalismo e por vértice o cosmopolitismo, que deve perdurar enquanto durar o do mundo...

Tais foram os objetivos dos fundadores da magia e da Maçonaria.

10. MISTÉRIOS DOS BRÂMANES:
Cinco mil anos a.c., *Shastra*, o primeiro livro hindu, foi escrito e tem um verdadeiro ritual.

Os mistérios dos Brâmanes consistiam em rituais de iniciação para os sacerdotes que, no princípio, foram seres escolhidos por seus méritos; depois se tornaram casta privilegiada.

A doutrina destes mistérios era toda teogônica, e suas experiências, físicas.

PARABRAHMA, Deus que criou BRAHMA, que por sua vez criou o mundo, lhe foram dados dois anjos: WISHNU e SHIVA. O primeiro é o conservador do mundo, e o segundo é o seu destruidor e, desta maneira, BRAHMA, WISHNU e SHIVA formam a trindade dos hindus.

Os brâmanes, como únicos literatos da Índia, tiveram conhecimento da iniciação dos magos.

Em seu Templo, que simboliza a natureza, os brâmanes gravaram a seguinte inscrição: FUI, SOU E SEREI, E NENHUM MORTAL ME DESCOBRIU. Entre esses brâmanes, o sacerdócio não era senão uma magistratura, e sua religião, a justiça.

11. MISTÉRIOS GREGOS:
O Templo na Grécia parece ser comum a todos os mistérios da antiguidade. Os que mais se relacionam com a Maçonaria são:

1º OS MISTÉRIOS DOS CABIRES DE SAMOTRÁCIA: em 1950 a.C. os mistérios egípcios passaram à Grécia! Os primeiros que receberam aqueles mistérios foram os que residiam na Ilha de Samotrácia, hoje, Samandraki, no arquipélago. Nestes mistérios havia oito deuses cabires (grandes)! Também esses mistérios foram levados à Frigia por Darmanus e logo à Itália, onde foram confiados às *vestais*. Os mistérios de Samotrácia foram, em realidade, uma escola militar e científica, chamada estratégia, donde saíram os capitães da Grécia.

12. OS MISTÉRIOS DE CERES OU DE ELÊUSIS — Esses mistérios foram, como os do Egito, divididos em mistérios menores e maiores. Seus iniciados chamavam-se *eumólpides*, porque a família de Eumolpo foi a que conservou durante 1200 anos a dignidade de Hierofante.

Não obstante, esses mistérios se reduziram com o tempo à mitologia e, por esse motivo, a maior parte dos filósofos gregos aderiu aos mistérios de Mênfis e de Heliópolis, tais como: Orfeu, Pitágoras, Platão, Tales, Minos etc.

13. ORFEU — É o príncipe dos Siciones, em Trácia! Depois de estudar e adquirir as ciências do Colégio de Mênfis veio à Grécia em 1330 a.C. Eliminou os erros dos mistérios de Elêusis; reformou sabiamente a base que servia para os mistérios de Ceres. Estabeleceu sobre bases menos supersticiosas as mesmas festas que os gregos tinham e fez com que elas fossem a favor do espírito nacional e da segurança do Estado. Sua doutrina se dividia em dois graus. No primeiro grau se desenvolvia a teogonia egípcia, com seus emblemas, símbolos e moral; no segundo, que era puramente científico, se expunha não somente o sistema físico da natureza como também todos os conhecimentos que podiam influir diretamente na civilização dos povos.

Orfeu deu à primeira doutrina o nome de exotérica e à segunda o de esotérica (particular dos iniciados), imitando assim seus mestres egípcios.

As provas que deviam sofrer os iniciados nos mistérios de Orfeu eram muito rigorosas. Aos adeptos não era permitido falar dos mistérios, nem mesmo entre eles, e tanto aqueles que falassem como os que escutassem, eram expulsos do Templo e da sociedade.

14. PITÁGORAS — Nasceu na Ilha de Samos, no VI século antes de Jesus Cristo. Depois de haver sido iniciado nos mistérios já referidos e de haver conhecido Solon Pitacus, Zoroastro e outros, regressou à sua pátria, mas não pôde viver debaixo das leis de um tirano usurpador; então deixou a Grécia e fundou em Crotona a célebre Escola Itálica que dotou o mundo de tantos homens ilustres. Pitágoras ocultou sua filosofia com véu de mistério. Seus mistérios eram divididos em três classes ou graus. No 1º grau demorava o candidato três anos. Antes de ser admitido o neófito devia dar todos seus bens ao tesoureiro da Escola. Se depois de três anos correspondia aos desejos de seu mestre, ingressava na segunda classe ou grau. Durante cinco anos, o neófito tinha que guardar profundo silêncio e a voz de Pitágoras só chegava a seus ouvidos através do véu que ocultava a entrada do santuário. Finalmente, o neófito era admitido para receber o conhecimento da doutrina sagrada e trabalhava com o mestre na instrução de novos iniciados. Os adeptos que estavam espalhados por todas as partes, conheciam-se entre si por certos sinais e se tratavam sempre como se fossem irmãos. Essa escola foi perseguida pela ignorância, pela maldade e pela calúnia, e seus discípulos foram queimados, como os primeiros cristãos; mas, A ESCOLA SÁBIA E VIRTUOSA nunca deixou de existir.

15. MISTÉRIOS JUDAICOS — Os mistérios judaicos são menos célebres que os mistérios gregos; mas não deixam de ser interessantes. Alguns israelitas, depois de haverem habitado o Egito, logo vieram a habitar a Judeia e fundaram, em 1550 a.C., as três seitas: CINIANA, RECABITES e ESSÊNIA. Esta última foi a fonte do Cristianismo e a que mais relação tem com a iniciação: OS MISTÉRIOS ESSÊNIOS! Os iniciados nesses mistérios viviam como irmãos, e a respeito da misteriosa vida dos mesmos, dificilmente se sabia. O candidato devia ser provado durante três anos e antes de ser admitido, tinha que jurar servir a Deus, amar e proteger os homens bons dos maus e, finalmente, guardar os segredos da Ordem, mesmo com o perigo de perder sua própria vida. As parábolas, os símbolos e as alegorias eram para eles de uso familiar.

16. Muitos afirmam que a doutrina de Cristo revelava a iniciação essênia, ensinada aos discípulos escolhidos, de modo que os primeiros cristãos haviam sido todos iniciados essênios.

Documentos históricos não deixaram dúvida alguma sobre a existência dos ministérios essênios, cuja instituição precedeu quatro séculos a Salomão, que foi somente um restaurador da Ordem, e não fundador.

17. SALOMÃO — É o símbolo do iniciado nos ministérios de Elêusis, fundados por Orfeu. No décimo primeiro século antes da era vulgar, reorganizaram-se em Jerusalém os mistérios essênios.

Para alcançar tão justo fim, Salomão fez construir um singular templo material em Jerusalém, fazendo tratados com Hiram II, rei de Tiro, e Hiran Abif, o arquiteto. Aquele singular templo material era alegoria do templo interno para a iniciação. O templo externo era um caminho para chegar ao interno.

A iniciação solar "salomônica" tinha por objeto um tríplice fim: a tolerância, a filantropia e a civilização, três virtudes que nunca haviam praticado os israelitas. É assim que, depois desta época, os essênios foram considerados como homens esclarecidos no meio de um povo inculto, tolerantes entre uma massa fanática.

Surgiram os mistérios dos essênios durante um tempo e depois decaíram com a conquista de Nabucodonosor em 604. Com a morte deste rei e durante o reinado de Ciro, voltou Zorobabel a Jerusalém e, durante vinte anos, reconstruiu o Templo que foi destruído por Nabucodonosor, quando conquistou Jerusalém.

Sobre aquele templo de Salomão e sobre sua construção foi calcada toda a Maçonaria. Esse Templo, como as pirâmides do Egito, é uma ficção engenhosa, que indica os incríveis esforços que sustentaram os sábios e os filósofos de todos os tempos para elevar o Templo da verdade e para cultivar a verdade que mora dentro do Templo vivo, que é o homem.

18. MISTÉRIOS DO CRISTIANISMO — O homem-Deus, afligido por doutrinas errôneas que os doutores da lei professavam e conhecendo o abuso do poder sacerdotal e das castas privilegiadas, resolveu com sua alta e divina sabedoria, substituir com novos mistérios os dos antigos essênios e, por isso disse: "Eu não vim derrogar a lei e sim completá-la".

O ano trinta e cinco, ainda que por equivocação de cômputo, foi assinalado como ano trinta, época em que Jesus Cristo reuniu seus discípulos e formou o seu apostolado. Sua iniciação foi secreta. Morreu três anos depois de haver semeado nas mentes e nos corações do povo divinas sementes em forma de parábolas e símbolos.

Os sacerdotes que dirigiam os mistérios de uma maneira arbitrária e degenerada, humilhados pela reforma do Cristo, se indignaram e amotinaram o povo que, sem discernimento, pediu a morte do REFORMADOR.

Três grandes princípios reúne a doutrina de Cristo: AMAR A DEUS ÚNICO E UNO, A LIBERDADE DO HOMEM E AMAR UM AO OUTRO COMO FILHOS DE UMA MESMA FAMÍLIA.

A INICIAÇÃO CRISTÃ está, até o momento, secreta e misteriosa. A religião esotérica de Cristo está completamente desconhecida e ignorada e os chamados cristãos tergiversam a doutrina, violam preceitos da tolerância, para matar em nome do Cristo e de sua religião. Cristianismo é AMOR, TOLERÂNCIA e SACRIFÍCIO PELOS DEMAIS e toda religião, cristã ou não, que não contiver esta trilogia deve ser lançada no fogo de GEHENNA.

3. O processo da criação e da morte de um ser humano é igual à criação e ao fim do mundo

19. Já se tem dito que os egípcios e os gregos possuíam seus mistérios, os quais eram dados aos recipiendários por etapas e graus.

O 1º grau da iniciação foi descrito no *1º Grau do aprendiz*, desta série, no capítulo A iniciação egípcia e sua relação com o homem; é muito necessário voltar a lê-lo novamente. Os gregos chamavam *pastophoris* ao aprendiz.

20. O 2º GRAU — Se o *pastophoris*, durante um ano de estudos houvesse dado provas de inteligência, um jejum severo lhe era recomendado, a fim de preparar-se para receber o grau de neocoris.

Terminado o jejum, o iniciado era posto em uma câmara escura onde belas mulheres se apresentavam para reanimá-lo e restituir suas forças, provocando-o com estímulos de amor.

Esta prova demonstrava o poder da vontade. Ao sair triunfante, era examinado nas ciências do grau precedente e depois de responder a diversas perguntas, era introduzido na assembleia.

O stolista (hisopista) aspergia água sobre o iniciado, para purificá-lo, e este era obrigado a afirmar que SUA CONDUTA HAVIA SIDO PURA.

Depois o iniciado era submetido às provas de terror, como a de encerrá-lo em um lugar cheio de animais e répteis venenosos! Se ele demonstrava valor nestas provas era elogiado e felicitado.

Logo era conduzido e colocado entre duas altas colunas, que representavam o Oriente e o Ocidente! Entre essas, havia um emblema do Sol, com suas quatro estações. O neocoris tomava por insígnia um bastão, circundado por uma serpente, como o caduceu de Mercúrio. Então o presidente lhe dava a palavra de ordem, que era EVA, e lhe relatava a história mitológica da ruína do gênero humano. Cruzar os braços sobre o peito era sinal de reconhecimento. O novo iniciado devia lavar as colunas. Seu estudo era arquitetura, geometria e higrometria, para que conhecesse as inundações do Nilo. Essas ciências eram secretas e constituíam o 2º grau.

21. O 3º GRAU — PORTA DA MORTE:
Aquele que progredisse nos graus anteriores, era iniciado no 3º grau, chamado *melaneforis*.

Era conduzido a uma porta, onde estava escrito PORTA DA MORTE. Atrás dessa porta havia um edifício cheio de múmias e tumbas figuradas, onde se encontravam os embalsamadores (os *paraskistes* e os heróis). No centro do local se achava a tumba de Osíris, que por causa de seu suposto assassinato ainda mostrava vestígios de sangue.

Era neste lugar de morte que se perguntava ao *melaneforis* se havia tomado parte no assassinato de seu mestre. Depois de sua resposta negativa, dois *tapixeytes* o conduziam para uma sala, onde se achavam todos os *melaneforis* vestidos de preto. Na presença do rei, aproximava-se o iniciado, sendo-lhe oferecida uma coroa de ouro para que melhor vencesse os obstáculos. Tertuliano assegurava que o candidato, instruído de antemão, rechaça-se e pisotea-se a coroa. Então o rei exclamava: "Ultraje! Vingança!". E tomava a arma dos sacrifícios e tocava suavemente com ela a cabeça do iniciado. Os dois guias o tombavam por terra e os outros o envolviam com as faixas de múmia. Durante essa cena, os assistentes gemiam ao redor do iniciado, que era conduzido até a porta do santuário dos espíritos. Quando a porta se abria, ouviam-se trovões, acompanhados de relâmpagos. Cabrum obrigava o candidato a descer ao santuário, onde se encontravam os juízes das praias sombrias. Plutão achava-se sentado em sua poltrona, rodeado de Radamanto, Minos, Alecton, Alester e Orfeu. Este tribunal terrível, depois de perguntar ao candidato sobre as ciências e a moral, devia condená-lo a errar nas GALERIAS SUBTERRÂNEAS. Livravam-no das faixas de múmia e recomendavam-lhe estas três máximas:

1ª NÃO SER SANGUINÁRIO E NÃO DEIXAR DE SOCORRER SEUS SEMELHANTES EM PERIGO.
2ª DAR SEPULTURA AOS MORTOS.
3ª ESPERAR UMA RESSURREIÇÃO!

O signo deste grau era um abraço particular, que expressa o poder da morte. As palavras de passe eram MONACH CARON MINI (dar passo aos dias da cólera). As artes que se aprendiam neste grau eram: desenho, retórica e uma escrita chamada hiero-gramatical, para entenderem a geografia, a astronomia e a história do Egito.

22. O 4º GRAU — BATALHA DAS SOMBRAS.
Temos visto que os três primeiros graus descrevem a vida do homem. O 1º grau representa simbolicamente o nascimento, e o homem é chamado NEÓFITO, quer dizer, menino (noviço).

O 2º grau descreve a vida do ser humano, e é chamado COMPANHEIRO; enquanto que o 3º grau representa a morte. Na iniciação egípcia a morte ocupou três graus consecutivos; assim, também na Maçonaria moderna, o problema da morte é estudado em vários graus, como veremos depois. De pronto, temos que continuar construindo as bases externas de todas as religiões e iniciações externas ou exotéricas, que nos conduzem às internas ou esotéricas.

No 4º grau, o candidato é chamado *cristoforis*. O tempo empregado nos estudos do grau anterior, TEMPO DA CÓLERA, durava dezoito meses. Se o candidato progredisse, o *tesmosforis* lhe entregava uma espada e um escudo, e ambos marchavam por galerias obscuras. Homens armados e horrivelmente mascarados atacavam, de súbito, o candidato e exclamavam: "Panis!". O candidato, sob insinuação de *tesmoforis*, defendia-se com valor mas, afinal, sucumbia devido ao número de atacantes. Homens armados vendavam-lhe os olhos e colocavam-lhe uma corda no pescoço, arrastando-o até à sala onde devia receber o novo grau. Chegando a este lugar, os espectros gritavam desaforadamente e desapareciam. Ao retirar a venda, o candidato observava que na rica e majestosa sala havia uma reunião brilhante. O rei sentado ao lado do demiurgo (inspetor da Ordem); o ODUS (orador); o stolista (hisopista); o hierostalista (secretário); o zacoris (tesoureiro) e o camastis (mestre de banquete). Todos eram condecorados com a ALYDEA (condecoração egípcia que simboliza a verdade).

Depois de uma alocução do orador, para fortificar o ânimo do candidato, logo tinha ele que beber um licor amargo, chamado *cice*, sendo adornado com o escudo de Ísis, com a capa do rei e com o capuz de Anúbis. Armado desta maneira, o candidato recebia a ordem de cortar a cabeça de um indivíduo que devia encontrar-se numa caverna, trazendo-a ao rei! Os membros do colégio gritavam todos: "Niobe!" (é a caverna do inimigo). Entrando o candidato com os demais membros do colégio, encontravam a representação de uma mulher bem caracterizada, de modo que parecia viva. O candidato pegava-a pelos cabelos e cortava-lhe a cabeça. Depois o candidato era instruído de que a mulher e a cabeça eram de CORGO, esposa de TIFON, que havia provocado o assassinato de OSÍRIS. O nome do iniciado era escrito no livro, onde estavam escritos os nomes de todos os juízes do país; davam-lhe um livro que continha as leis e uma insígnia representando Ísis, ensinando-o que não podia usar ou servir-se desta insígnia, a não ser no ato de recepção; depois explicavam as alegorias do grau e recomendavam-lhe o estudo da legislação e da linguagem AMÚNICA. A palavra passe era SASYCHIS (nome de um antigo egípcio muito virtuoso).

23. Do que havemos exposto, podemos deduzir o seguinte:

SALOMÃO — (símbolo do iniciado) — iniciado nos mistérios egípcios e gregos sabia que o homem é o único símbolo da criação, da reprodução e da morte; por isso, fez construir um Templo em Jerusalém que contivesse as fases da religião exotérica e esotérica. A teogonia dos hebreus, simbolizando o homem com o princípio e o fim do curso anual do Sol, em vez de usar os mesmos nomes e a filosofia dos egípcios e dos gregos, usou os hebreus e, em vez de Osíris, foi Hiram, muito embora ambos significam sol e assim, sucessivamente, em toda a lenda do grau. De modo que tal amálgama de nomes e objetos tornou muito incerta e duvidosa a origem deste grau.

A filosofia egípcia se resumia em dois princípios: primeiro estudava a sensação, cujos exercícios são o caráter distintivo da vida; e segundo, o estudo do espírito ou alma que percebe as sensações. Porém, como a alma se separa do corpo e é imortal, acreditavam os egípcios que ela voltava à sua fonte, que devia ser em regiões superiores à Terra; mas, essa crença, posta ao alcance do público, produziu muita confusão.

Os iniciados compreendiam todo o mistério da morte porque, como foi explicado no capítulo A iniciação egípcia, no 1º grau, cada iniciado devia visitar as regiões do mundo astral e morrer em vida, para compreender o mistério da morte.

Sendo o outono um presságio certo do solstício do inverno, um signo de morte de Osíris (sol) no fim de sua carreira anual, Osíris, Hiram e o homem tinham que morrer para reencarnar, segundo os egípcios, e ressuscitar segundo outros.

4. A verdade simbolizada

24. Repetimos: a Maçonaria é um fato da natureza, e sendo um fato da natureza, é uma repetição diária, acontecida e realizada no próprio homem. Suas leis são as mesmas de toda religião; têm por objetivo o descobrimento do verdadeiro ser interior do homem e o conhecimento de si mesmo.

O símbolo é como a verdadeira arte: nunca deve falar somente aos sentidos e, sim, deve excitar a imaginação; mas por desgraça, o homem atual tem imaginação tão preguiçosa que não se esforçou em investigar coisa alguma e contenta-se em adotar o ídolo que ele criou.

O símbolo tem por objeto a investigação da verdade, mas esta investigação ou revelação deve ser interna e subjetiva, ainda que qualquer maçom possa crer o contrário. Temos dito que os símbolos são as alegorias da verdade que não convém ser totalmente divulgada para todos, porém, os símbolos não são a verdade.

O fim da Maçonaria é que cada homem se conheça a si mesmo e o conhecimento de si mesmo não consiste em estudar anatomia, se bem que a anatomia, para o consciente, é um sublime motivo para a meditação no mistério que conduz à verdade.

Então já compreendemos que os símbolos, as lendas, as fábulas e as parábolas têm por objeto redescobrir a luz oculta pelo denso véu dos sentidos e são necessários porque constituem o corpo físico dos ensinamentos, porém não se deve crer que o homem viva somente quando está no corpo físico. A Maçonaria é, conforme temos dito, o estudo das leis que regem e se repetem diariamente no mesmo universo e no homem segundo a máxima de Hermes: "O QUE ESTÁ EM CIMA É COMO O QUE ESTÁ EMBAIXO, E O QUE ESTÁ EMBAIXO É COMO O QUE ESTÁ EM CIMA".

25. "VÓS SOIS DEUS" — é uma verdade lançada há milhares de anos e que escandaliza o vulgo até o momento, e ai de quem se atreve a predicar a DIVINDADE DO HOMEM E A HUMANIDADE DE DEUS!; portanto, é necessário simbolizar esta VERDADE e vesti-la com a roupagem da fábula ou da lenda. Todos os povos e religiões nos têm deixado uma quantidade enorme de fábulas e lendas, porém, o que mais nos interessa para nosso estudo, é a que toca à Maçonaria, que é a fábula egípcia de Osíris, Ísis e Hórus, e a lenda de Hiram e seu assassinato.

26. LENDA DE ÍSIS E OSÍRIS:
Ísis e Osíris eram irmãos e como esposos divinos levaram a direção e regência do mundo. Depois de um tempo, aparece outro irmão, que é Tifon, espírito do mal e, com sua astúcia, conseguiu fazer entrar Osíris num cofre ou ataúde e lançou-o no mar. Porém, sabendo Tifon que

Ísis iria buscar ansiosamente o corpo de Osíris, apanhou novamente o ataúde e despedaçou o corpo de Osíris em catorze partes, repartindo-as pelo mundo. Ísis começou sua busca ansiosa e chorosa; queria reunir os pedaços do corpo de seu irmão-esposo, e tendo-os encontrado, reúne-os e logo os sepulta em lugares diferentes, fazendo levantar um Templo em cada um deles.

Do coração de Osíris nasceu Hórus que, despojando sua mãe do diadema de rainha viúva (é o filho da viúva), foi o senhor do mundo.

27. É urgente e necessário compreender esta lenda para poder decifrar o mistério do homem e o sentido oculto da lenda de Hiram Abiff.

Osíris é a palavra primordial, é a luz, é, enfim, o espírito. Ísis é a natureza. São os princípios masculino e feminino, que governaram o mundo, até que veio Tifon, o desejo da união de ambos os princípios, engendrando a palavra-homem ou o verbo que se faz carne e habita em nós.

28. Osíris e Ísis, para o povo egípcio, representavam o Sol e a Lua, porque acreditavam que a alma de Osíris habitava o Sol e a de Ísis, a Lua. Este foi o corpo exterior da religião externa dos egípcios e sua filosofia vulgar baseada nas sensações físicas. Mas aquele que sabe levantar o véu encontra o sol da verdade brilhando como nunca. Não obstante, o que mais aflige é encontrar maçons historiadores que creem e escrevem que o Egito era idólatra porque adoravam em seus templos o boi Ápis, o cão Anúbis, a cegonha etc.

29. Se os maçons e as religiões perguntam: "por que adoram os egípcios os animais?" Nós podemos também perguntar: por que os cristãos adoram, em seus templos, o cordeiro e a pomba?

A palavra muda da esfinge, que ninguém ouviu, ainda é: "busca de Deus no animal".

Quis a humanidade fugir bem longe da animalidade do Egito, com Israel, até o deserto da "Razão Pura" e segue hoje errando com Israel. Não são os querubins de Ezequiel senão os Ápis dos egípcios, ante o trono do Senhor?

Temos esquecido as quatro bestas do *Apocalipse* que "nem de dia, nem de noite conhecem repouso, proclamando a glória do Senhor".

Ao esquecer Deus no animal, esquecemos o mesmo Deus. A alegria celeste da terra brilha sempre no animal, enquanto que no homem está morta.

30. Nunca os egípcios adoraram os animais, como tampouco os cristãos adoraram o cordeiro e a pomba. O animal é um dos tantos símbolos que serviram ao homem que busca o incomensurável para confundir-se com o Criador, que não conhece beleza ou fealdade, senão que somente a divina alegria de criar.

O escaravelho faz rodar sobre a terra sua bolinha de

esterco, como o Sol roda no céu sua grande bola de fogo, e eis aqui o humilde inseto convertido em animal sagrado, deus sol, RÁ.

O Íbis, de compridas patas, percorre os pântanos do Nilo, como se medisse a terra, e eis que Íbis é o Deus da medida e da sabedoria, Thoth, o Hermes Trismegisto.

Quando o homem vai pelo deserto, o chacal gosta de segui-lo e, depois de deixá-lo para trás, aí se detém, volta a cabeça até o viajante, o espera e reinicia sua carreira, como se o guiasse através do deserto, reino da solidão e da morte. E eis aqui o chacal trocado no deus Anúbis, guia dos mortos, "o que abre os caminhos eternos".

Depois da inundação, as criaturas parecem nascer no lodo úmido e cálido do Nilo; a metade do corpo já está formada e a outra metade por acabar ainda. Assim o NUN, matéria original ou primária, dá nascimento aos oito grandes deuses de Hermópolis, seres misteriosos com cabeças de serpente e de rã, que se arrastam na lama antiga, como abortos animais e divinos do caos! O que quer dizer esta lenda? É o mistério supremo da natureza, mistério da vida ou da morte, mistério do espermatozoide gerador. É o mistério do que denominamos "O PROCESSO CRIADOR". Uma multidão de rãzinhas verdes aparece subitamente nos desertos mais secos da África Central, depois dos aguaceiros tormentosos da primavera, enchendo os charcos de um coaxar agudo. Os indígenas supõem que essas rãs caem das nuvens, porque efetivamente dormem durante o seco inverno escondidas em buracos profundos, e quando começam as chuvas, saem do seu esconderijo, surgem das tumbas, ressuscitam. E eis aqui a grande deusa Heket, ou a enorme rã verde, no santuário de Denderah, no altar dos deuses, a parteira que ajuda o segundo nascimento de Osíris, que é sua ressurreição.

31. Dos primeiros séculos do cristianismo no Egito nos chegou uma lâmpada da igreja em forma de rã, com esta divisa *Ego heimi anástasis* (Eu sou a ressurreição).

Em verdade devemos dizer que os egípcios estavam mais próximos do Senhor do que nós; aqueles homens simples não temeram comparar com uma humilde criatura Àquele que veio para salvar todas as criaturas.

Na maravilhosa escultura de Saquara, Ísis-Hathor aparece debaixo de um desenho de uma bezerra de rosto maternal, irradiante de bondade divina. O rosto do faraó Psamético que aparece entre as patas dianteiras da deusa, esse rosto tão humano, tão fino, era, no entanto, mais grosseiro e mais animal.

Não é a mesma face bovina que inclinando-se sobre o presépio de Belém ao lado do rosto da mãe puríssima, sopra sobre o Menino o calor, que se mescla com o divino alento?

32. A noite é o símbolo da terra subterrânea e do seio materno, resulta apropriada para quem quer interrogar a tumba. "Voo convertido em grande gavião... Elevo-me... Chego, e sou admitido entre os que são de essência divina. Eis aqui o símbolo do gavião."

33. A FLOR DE LÓTUS, que vive nas lagunas do Egito, nasce debaixo da água e, por seu próprio esforço, sai para a superfície e abre seu coração à luz do sol. Eis aqui o adepto debaixo da forma desta flor, significando que sua alma ou *Eu* que, tendo conquistado a paz ditosa e recebido o poder e o saber, flutua e recebe o dom da intuição que o faz UNO COM O PAI.

Eis aqui onde o céu se une à terra.

O maçom deve saber interpretar todos os mistérios do simbolismo.

5. Conceitos preliminares sobre o 5º grau de mestre perfeito

34. SEGUE A LENDA:

Antes de seguir adiante, devemos compreender o seguinte:

SALOMÃO é a subconsciência; HIRAM II de TIRO é a consciência e HIRAM ABIFF é a SUPERCONSCIÊNCIA. Quando sentirmos e compreendermos esta trindade no homem, poderemos então interpretar todos os mistérios da lenda. (Reler o capítulo I, Lenda do grau de mestre.)

Então, dentro deste templo-corpo, Salomão, a mente subconsciente, encontrou o cadáver de HIRAM ABIFF (percebeu a morte, o adormecimento da SUPERCONSCIÊNCIA no homem). Ordenou a seu inspetor ADONIRAM (ADÔNIS E HIRAM, dois excelsos seres simbólicos, que foram mortos: o primeiro, por um javali cruel e o segundo, pelos três vícios, alimentados pelos desejos inferiores) — como dizíamos — ordenou a ADONIRAM que preparasse os funerais do mestre com toda a pompa e magnificência devidas à memória de tão nobre arquiteto, fazendo assistir ao ato todos os irmãos, decorados com aventais brancos, recomendando, ademais, que deveria permanecer a mancha de sangue até que obtivessem vingança de tão horrível assassinato. (O verdadeiro maçom compreende e sente o que significa aquela mancha de sangue, que não se deve limpar ou que não se pode apagar; simboliza o pecado original de que temos falado várias vezes em nossos trabalhos anteriores: quando o baixo desejo triunfa sobre a razão — o sol espiritual — o EU SOU retira-se para o mais fundo do ser e deixa de manifestar sua luz, e o homem volta a ser escravo de suas paixões animais. A vingança consiste em matar o animal em si mesmo e assim vinga-se a morte ou o ocultamento do sol interno espiritual).

35. ADONIRAM traçou o plano de um monumento de mármore branco e negro, que devia ser construído dentro do curto espaço de nove dias. (Esse monumento é o mesmo corpo humano que é formado durante os nove meses).

36. O coração de Hiram Abiff foi embalsamado e colocado numa urna, que se expôs à vista pública, no terceiro salão do *sancto sanctorum*, durante os nove dias ocupados na construção do monumento (O verdadeiro *ser* do homem — o EU SOU, O SOL, A RESSURREIÇÃO E A VIDA nunca morre porque não teve princípio, É ETERNO. Está colocado no CENTRO DO TRIÂNGULO DO SANTO DOS SANTOS, no homem simbolizado pelo coração, como temos explicado antes). Este monumento foi erigido na porta do Ocidente, um pouco ao Norte (quer dizer que o coração está ao ocidente do corpo um pouco à esquerda ou ao Norte no corpo do homem), para assinalar o sítio em que foi, primeiramente, enterrado o mestre HIRAM ABIFF ou O SOL ESPIRITUAL.

Quando se terminou o obelisco, colocou-se a urna sobre o pedestal (isto é, o coração sobre o altar), e o corpo de Hiram foi sepultado no centro do subterrâneo (matriz) debaixo do Templo, com as honras devidas à memória do grande homem.

37. No obelisco existia uma pedra triangular, na qual estava guardada a letra J. Logo, Salomão se apoderou de todas as medalhas repartidas entre os mestres, quando a palavra foi trocada. Quando o homem renasce, encarna um corpo que simboliza o obelisco; a pedra triangular representa os três aspectos ou trindade do homem: espírito, alma e corpo. A letra J é o Yod, é o número dez, pai de todos os números.

38. Conta a lenda que três dias depois da cerimônia, Salomão foi ao templo com toda sua corte e tendo examinado cuidadosamente o que mandara construir, exclamou com de alegria: "ESTÁ PERFEITO!". Essa lenda assemelha-se muito com o que relata a Bíblia: "E DEUS VIU QUE TUDO ERA BOM".

39. Os autores da *História da Instituição* atribuem às palavras: "está perfeito" o título do grau, de mestre perfeito. Mas não devemos compartilhar desta ideia, porque esta denominação de MESTRE PERFEITO expressa os extensos conhecimentos internos e externos que o discípulo deve possuir para poder decifrar os mistérios da criação.

6. Decoração do capítulo e iniciação

40. Tem alfaias verdes, emblema da ressurreição, da vegetação e da esperança. Tem quatro colunas brancas em cada um dos ângulos, constituindo um total de dezesseis, dispostas de modo que todas rodeiam a câmara, e esta adquire a forma de um círculo. (Essas dezesseis colunas significam o quadrado, o símbolo do corpo do homem).

No centro do capítulo se acha um monumento sepulcral, que, figurando ser de mármore branco e negro, contém uma urna em que se acha (simbolicamente) depositado o coração de Hiram, monumento terminado por uma comprida pirâmide, formando um obelisco no seu todo. Rodeando a base do mesmo, encontram-se no pavimento três pedras irregulares. (O monumento sepulcral é o corpo físico, que tem dois polos: positivo e negativo, simbolizados pelas coras branca e negra.) A urna é o receptáculo que contém o coração, onde mora o átomo semente, ou o átomo *nous*, a miniatura do homem perfeito. O obelisco ou pirâmide significa o septenário ou a trindade superior, que domina os quatro elementos da matéria. O triângulo é o caminho da verdade. Quando três homens com inteligência e boa fé buscam a verdade, o espírito de Deus está com eles, isto é, exteriorizam SABER, PODER e AMOR. As pedras irregulares e toscas simbolizam as dificuldades do caminho da perfeição.

41. Tem ainda este grau como símbolo, três círculos concêntricos, e ao centro, um cubo com a letra J em sua face anterior (os três círculos representam: Deus, o universo e o homem, demonstrando também, simbolicamente, a unidade contendo a dualidade e a trindade, isto é, tudo está no todo). Está, portanto, explicado o significado do cubo e da letra J.

Em cada uma das dezesseis colunas, existe um rótulo com o nome das qualidades que deve conquistar e adquirir o mestre perfeito, que são as seguintes: força, robustez, vigor, energia, agilidade, veracidade, atividade, pulcritude, limpeza, delicadeza, decência, elegância, graça, beleza, simpatia, dignidade. Essas qualidades estão manifestadas pelas 64 luzes que elevam as dezesseis colunas, com quatro luzes em cada coluna, ou seja, uma luz em cada ângulo.

42. Sobre a tumba de Hiram Abiff estão as letras M.A.B. (as quais significam, segundo a magia do verbo: A ETERNIDADE DO ESPÍRITO INTERNO ou a eterna evolução da matéria, por meio do espírito interno). O compasso está aberto em 60 graus sobre o esquadro, símbolo que representa o conhecimento instintivo da transcendência dos atos. Os 60 graus são a divisão do círculo em seis, e nesta altura, o homem se encontra entre duas forças ingentes: a necessidade e a liberdade, o vício e a virtude. A tumba se acha entre duas colunas; isto é, entre a coluna do positivo e a do negativo se acha o homem, em cujo centro se encontra a urna de ouro que contém a CHISPA DIVINA. Essas colunas equivalem ao duplo triângulo enlaçado e com um TAU no centro. O TAU simboliza o princípio do poder Absoluto e plasmante. É a verdadeira cruz; mas não é a cruz vulgar, triste e dolorosa, geralmente imaginada pela maioria das pessoas, e sim, o signo da evolução, da vida, do poder e da glória. É O HOMEM DEUS COM O MISTÉRIO DA VIDA.

43. A INICIAÇÃO

O recipiendário é despojado de todas suas insígnias e, com uma faixa verde atada ao pescoço, é conduzido ao templo pelo experto. (O homem volta à vida, ao encarnar-se. A razão ou a experiência acumulada vem ao seu encontro ao voltar despojado de seus conhecimentos anteriores, aqui simbolizados pelas insígnias.) Ao encontrar-se com o mestre de cerimônias que lhe toca com a ponta da espada no peito, o recipiendário fica impedido de avançar, enquanto não aceita o compromisso de não revelar nada se a exaltação lhe for denegada (é outro símbolo da iniciação Interna, que demonstra que nenhum discípulo pode adiantar-se no caminho da iniciação se não guardar sigilo completo). Depois de se encarnar, esquece-se, e tudo fica em segredo.

44. Quatro são as viagens ao redor da tumba de Hiram (isso quer dizer que cada iniciado deve esforçar-se para dominar os quatro mundos inferiores, existentes dentro de si, para poder entrar no mundo superior, em seu mundo interno, onde pode unir-se com seu Íntimo). Ao final de cada viagem, cada vez que passa diante do altar do douto mestre, deve fazer um sinal: primeiro o de aprendiz; segundo é o de companheiro; terceiro o de mestre; e quarto o de mestre secreto.

45. Cabe examinar aqui a história deste grau. A Bíblia não menciona em nenhuma parte a morte e o assassinato de Hiram Abiff. Se formos crer que Salomão introduziu esta lenda no povo hebreu, devemos também assegurar que o assassinato nunca se deu em seu tempo, como relata a história do 1º grau. A Bíblia dá detalhado relato sobre a construção do Templo, porém nada menciona do horripilante crime.

A suposta morte de Hiram foi extraída do Egito e é a alegoria da morte de Osíris que Salomão, suposto autor deste grau, extraiu dos mistérios de Elêusis. Salomão não teve parte nem arte neste grau. Isso asseguramos, até que outra prova mais fidedigna nos convença do contrário. Assim, afirmamos: O 5º GRAU É A CONTINUAÇÃO NATURAL E SUCESSIVA DA EVOLUÇÃO INTERNA, OU INICIAÇÃO INTERNA E NÃO A LENDA DE UM ASSASSINATO.

46. INTERROGATÓRIO
Terminadas as viagens, procede-se ao interrogatório, que deve versar sobre o conceito da morte e o destino do homem sobre a terra. Dedicamos um capítulo à parte so-

bre esse tema. Logo, o douto mestre completa as instruções sobre os temas anteriores e explica ao recipiendário o significado do monumento erigido à memória de Hiram, dando-lhe a conhecer a história do grau. Depois desta instrução, o recipiendário é posto fora do Templo. No vestíbulo lhe vedam os olhos e é colocado num ataúde. Assim simbolizavam o aspirante a mago, quando os sacerdotes ou mestres o colocavam dentro de um ataúde para conduzi-lo ao mundo astral e fazê-lo sentir e compreender o mistério da morte em vida, como foi explicado no capítulo Iniciação egípcia e sua relação com o homem, no 1º grau.

47. Prosseguindo, o experto chama ao Templo com a bateria do 4º grau. A porta se abre e quatro irmãos conduzem o ataúde ao centro da Loja (como se fazia em tempos antigos) e o colocam próximo do túmulo. O mestre de cerimônias coloca sobre o féretro o avental, a faixa e a joia de mestre perfeito; em seguida reparte ramos de acácia (símbolo da sempre-viva e da imortalidade) e por último ordena a procissão na forma adequada e instituída para o grau. A comitiva dá três voltas ao redor da oficina e o douto mestre ordena que quatro irmãos se apoderem do féretro para suspendê-lo por um momento e deixá-lo cair, o que significa que o sepultam na tumba. Logo depois, o douto mestre e a comitiva rodeiam o ataúde. (nas iniciações antigas e modernas sempre se efetuam estes procedimentos; mas não podemos nunca comparar a iniciação real interna com a iniciação simbólica, que se efetua através dos graus da Maçonaria. Dia chegará em que a Maçonaria voltará a ter seu prístino brilho e glória). E o douto mestre prossegue com algumas considerações sobre a efêmera existência humana e convida-os a trabalhar para eliminar toda desavença entre os maçons para que somente reine entre eles paz e concórdia. Todos prometem. Logo após, por ordem do douto mestre, o discípulo ou recipiendário é retirado do ataúde (quer dizer, volta à consciência vigil depois de haver visitado o plano da morte), é despojado da faixa verde que levava no pescoço e é conduzido ao altar para prestar o juramento. Os irmãos formam sobre sua cabeça a abóbada de aço e o experto e o mestre de cerimônias apoiam sobre o peito do recipiendário a ponta de suas espadas, enquanto ele presta o seu juramento. O juramento é a reafirmação de não revelar os segredos da Ordem; é o desejo de respeitar e cumprir os acordos da câmara, sem alterar a concórdia que deve existir entre os irmãos nem deixar de honrar a memória dos mortos.

7. O que deve saber o mestre perfeito

48. Os trabalhos do mestre perfeito consistem em aprofundar o estudo do homem e, sobretudo, averiguar o que se passa quando o homem morre. Temos conhecido muitos maçons que não creem na sobrevivência da alma; para eles a morte é o fim de tudo. Nunca tratamos de convencer os que não estão convencidos de antemão, mas sim àqueles que querem adiantar-se no caminho da superação espiritual, porque, crendo no espírito, lhes daremos certas instruções e se eles desejarem aprofundar-se e completar seus estudos, recomendamo-lhes nossas obras ou se o preferirem, outras de autores das escolas espiritualistas.

O mestre perfeito deve conhecer o círculo e o quadrado, emblemas do grau e símbolo do homem perfeito ou o SUPER-HOMEM, que é a representação do G∴ A∴ D∴ U∴, que não tem princípio nem fim. O círculo é o infinito e o quadrado é a natureza. Quando o mestre perfeito começa a conhecer a si mesmo, logo conhecerá a natureza e a Deus.

Agora passamos a estudar o homem em vida e depois da morte: o homem externo e o interno.

O HOMEM INTERNO

49. A esfinge é a síntese mais clara do homem porque representa as diversas potências e etapas evolutivas do ser humano: as forças físicas estão simbolizadas pelo touro; as forças morais e as virtudes pelo leão; as intelectuais pela águia e a força divina pela cabeça de homem, que dirige as três forças animais.

50. O touro é a natureza linfática, a sanguínea é o leão, a nervosa é a águia e a vontade é simbolizada pelo homem.

51. Os quatro evangelistas foram representados pelos quatro animais da esfinge; Mateus pelo touro; Marcos pelo leão; Lucas pelo homem e João pela águia. Cada evangelho está adaptado a um temperamento humano.

52. O ser humano está formado de três centros orgânicos; a cabeça, o peito e o ventre. À cabeça pertence à força: nervosa, o sangue ao peito, e a linfa ao ventre; essas três forças: se interpenetram, se mesclam e trabalham simultaneamente.

O homem é regido por três forças chamadas: subconsciente, consciente e superconsciência. A primeira é a vida orgânica do homem que atua estando ele adormecido ou desperto. A segunda obra durante a vigília. A terceira — a superconsciência — é o estado espiritual do homem.

O subconsciente é aquele estado de vida que nos ata a todo o sistema solar e é chamado de corpo astral; é a alma de que falam a Bíblia e as religiões, pela qual podemos nos comunicar com o mundo interno. Isto nos dá a chave dos fenômenos telepáticos.

O subconsciente ou o instinto se forma no astral e nele vive e serve de ponte de ligação entre o corpo e o espírito. O astral é o mundo dos pressentimentos, do instinto, dos desejos, das batalhas ou do leão da esfinge.

53. O corpo físico, o corpo astral da alma e o espírito formam o homem. Em sânscrito são denominados *Rua*, que significa roupa, forma, aparência ou vestido; *Jiva* (Eva) vida, vitalidade; e *Atma*, espírito ou alma de Deus encarnada em nós. O alfabeto sânscrito representa os três mundos: o físico está representado pelas letras, o astral, pelas barras, e o divino, pelos acentos que se intercalam algumas vezes.

54. Os escritos de um povo indicam sempre o sentido da marcha da sua civilização. Os semitas escrevem da direita para a esquerda, o que demonstra que sua filosofia e ciência foram adquiridas do Sul. Os hindus escrevem como os latinos, da esquerda para a direita. Os descendentes dos lemurianos, ou os chineses, escrevem desde o céu à terra, ou do Leste ao Oeste. Os atlantes, vermelhos e os negros, escrevem da terra ao céu, ou do Ocidente para o Oriente.

O homem se alimenta usando três espécies de alimentos: a primeira são os alimentos sólidos e os líquidos absorvidos pelo estômago. A segunda é o ar que respira, que é o alimento da alma no corpo astral. A terceira são os pensamentos do corpo mental. Essas três categorias de alimentos têm uma importância capital para nossa evolução.

55. Nenhuma classe de comida usada parcamente impede o desenvolvimento espiritual. Deixemos aos mestres de escolas que filosofem à sua maneira com respeito à carne. "Nada do que entra pela boca macula o homem. O que sai por ela, sim." Não obstante, o iniciado sabe o que mais convém ao seu corpo e evita, durante uma época do ano, comer carne e outros manjares pesados. Sabe jejuar e abster-se.

56. Há certas pessoas que afirmam que é um crime alimentar-se de carne de animal, e outras alegam que o regime vegetariano absoluto expõe a graves perturbações fisiológicas. Por outra parte, o muito evoluído são Paulo recomenda: "Não destruas, por causa da comida, a obra de Deus. É verdade que tudo é limpo, mas mal vai para o homem que come com escândalo" (*Rom.* 14:20). Enfim, o regime misto é o melhor.

57. Já se tem dito que o homem é composto de três elementos principais: o corpo material proveniente da terra; o astral da alma, formado pela natureza; e o espírito (que equivocadamente é chamado alma) de origem divina ou espiritual. A união desses três princípios produz todos os elementos e faculdades do homem.

58. O corpo físico está animado pela alma (anima), ou subconsciente. O espírito é o raio divino, que se manifesta pelo consciente. Durante o sono, o consciente cessa de funcionar, aparentemente; o animal ou físico continua seu funcionamento.

59. Ao redor do problema do corpo astral houve muitas discussões que não nos interessam. O astral é simplesmente o que anima e move o homem, sem intermédio do consciente. O centro de sua ação é a cavidade torácica e suas reservas circulam nos nervos do grande simpático. Este corpo astral da alma é duplo: uma seção dirige-se até o espírito e a outra até a matéria. De maneira que o caráter do corpo astral da alma é duplo e este caráter não reside no organismo, ainda que sirva ao espírito e ao corpo. Ao corpo físico lhe dá vida e ao espírito lhe permite comunicar-se com o mundo exterior.

60. No sono ou desvanecimento interrompem-se as relações do espírito com o corpo. O astral provê a força nervosa imprescindível para a ação do espírito sobre a matéria. O corpo astral transforma uma parte do sangue em fluido nervoso, que circula nos pedúnculos do cerebelo. Durante a vigília, essa força ou fluido passa do cerebelo ao cérebro por um pedúnculo cerebelar superior. O resto desbordante ou excessivo do fluido se dirige pelo pedúnculo inferior, até a espinha dorsal e gânglios simpáticos.

61. No homem existe um princípio inteligente que

preside a confecção e a renovação de todos os órgãos a cada sete anos. Essa inteligência está dentro do homem e fora dele. É ela que faz marchar e mover todos os astros e estrelas do universo. De maneira que o princípio orgânico do homem nada mais é do que uma simples célula do universo; por conseguinte, segue ele as mesmas leis que regem a todos os habitantes do mundo. Essas leis estão sob uma direção inteligente que podemos chamar: *inteligência da natureza*.

62. Esta força — inteligência — dirige a evolução de todos os seres (do mundo e do homem), na sua função orgânica. O homem que se crê isolado do mundo, ou que imagina que é independente desta força, é, nem mais nem menos, um glóbulo vermelho do sangue que se crê independente do organismo. Todo movimento no céu, por menor que seja, faz mover todo o universo. A oposição dos astros repercute em nossa vida orgânica, ainda que nós não percebamos, porque estamos ligados e unidos aos diversos mundos que nos rodeiam. À terra estamos ligados pelos pés e à atmosfera pelos pulmões.

63. No homem circula uma força fluídica e existem muitas maneiras de registrá-la e uma delas é a seguinte: fixar uma agulha em um pedaço de cortiça e colocar uma tira de papel sobre a agulha. Este simples e sensível aparelho pode registrar nosso fluido magnético, pois, acercando-se a mão direita ou esquerda, nos faz cons-

tatar a existência desta força que, continuamente, está entrando e saindo de nós.

64. Muito se tem falado do darwinismo e da evolução do animal e do homem e até hoje continuam buscando o elo perdido entre o homem e o animal. Do ponto de vista orgânico, existe um elo que une o homem ao animal, o animal ao vegetal e o vegetal ao mineral, muito embora a ciência oficial não saiba até agora como se efetuam estas diversas transformações progressivas dos corpos viventes. Nós afirmamos que a passagem de uma forma material a outra se faz no astral.

Quando morre um cachorro, não desaparece, porque nada se perde no mundo; ele se transforma ou penetra no astral para formar o começo do futuro corpo astral de um macaco; de maneira que o sábio positivista, que vê os dois corpos físicos (o de um cachorro e o de um macaco), nota a íntima correlação que existe entre eles, porém, nunca pode perceber o plano em que foi realizada essa metamorfose sucessiva.

65. Quando diz a Escritura: "Receberá os pecados dos pais sobre os filhos, até a terceira ou quarta geração", ensina-nos simplesmente que nós construímos nosso corpo físico atual por meio do corpo astral que tivemos na vida anterior. Aquele que vive embriagado em uma vida, nutre o seu corpo astral com álcool e em consequência, os maus elementos da bebida produzem na vida póstuma efeitos muito dolorosos e por isso o corpo físico da nova encarnação será defeituoso, raquítico e com um cérebro degenerado. A mãe, neste caso, não é mais do que um receptáculo de matéria e de força. Assim, colhemos o que semeamos e renascemos depois de um tempo de nossa morte, no corpo dos descendentes da segunda ou terceira geração.

66. Estamos feitos à imagem de Deus; porém, nós não temos devolvido os talentos que recebemos. Isto nos explica o símbolo dos triângulos. Deus está representado pelo triângulo da luz, cujo vértice está ao alto, enquanto o homem está representado pelo outro triângulo com o vértice para baixo. O homem é como o vidro sensibilizado do fotógrafo, que reflete a imagem inversa, mas uma vez desenvolvido pelo clichê negativo, converte-se em positivo.

Assim, no homem se encontram as seguintes partes: 1ª a ideia a ser realizada; 2ª um intermediário e 3ª a realização. É a chave dos três planos da natureza: o mundo divino ou de ideias-tipos; o mundo astral ou clichê negativo e o mundo elemental ou das formas físicas. E assim resulta que tudo o que vibra no mundo divino ou no plano físico tem seu reflexo no astral. Neste mundo astral se reproduzem milhares de exemplares de tudo o que nele se grava, tal qual sucede com a placa fotográfica. Todos os desejos do homem são guardados como sementes latentes nesse mundo e brotarão no futuro corpo físico, nascido na família, país e continente que melhor respondam ao seu grau de evolução.

67. Temos, no nosso sistema solar, mais de 20 mil planetas nos quais se pode reencarnar um homem; mas o fluido astral tem só sete diferentes aspectos, segundo os sete planetas reitores, que são planos ou modalidades da força universal.

68. Durante as nove luas a encarnação da alma se processa da seguinte maneira: no primeiro mês, Saturno prepara os átomos dos ossos e a parte material; no segundo, Júpiter dá o que constitui a parte líquida do organismo; no terceiro, Marte dá o sangue. Quando os humores e a carne estão formados, a primeira inteligência individual começa a vigiar sua vestimenta. O Sol atua no quarto mês e, assim, as formas do ser se caracterizam. Os órgãos genitais se modelam e os olhos aparecem, em vez de um só oco na metade da frente. Esse aperfeiçoamento se deve a Vênus no quinto mês. Logo, Mercúrio prepara a linfa e a força nervosa, no sexto mês de vida do embrião. No sétimo mês a Lua completa a obra e então a criança pode nascer, mas será débil; para que isso não aconteça intervêm novamente Saturno, Júpiter e outras forças para completar o ciclo da evolução do feto humano no curso da reencarnação do espírito.

69. Uma vez individualizado o ser humano no seu corpo físico, sua alma está sempre em relação com o mundo dos astros, donde foi tomada. Essa alma pode dilatar-se e sair do homem para receber influências de duas espécies: ou as influências superiores, como o amor divino que é a parte luminosa da alma, ou o astral, que trata sempre de elevar-se; ou as influências inferiores, como as paixões desenfreadas e o ódio, que materializam o corpo astral para exteriorizar-se e condensar-se e pôr o homem em relação com a natureza material.

70. Desta maneira a alma se manifesta em três planos: no físico, pela respiração; no astral, que é o seu mundo, pelo magnetismo e no plano espiritual pela circulação dos clichês astrais. Tudo o que pensamos e executamos no físico será gravado no corpo do mundo astral. Esse é o arquivo da natureza. O olho que pode registrar esse arquivo está no cruzamento do cérebro ao cerebelo.

71. O homem é tentado pelo corpo ou mundo físico e, ao mesmo tempo, pelo corpo ou mundo astral. Pensar em roubar algo de alguém é uma imagem astral (que outros chamam mundo dos desejos); mas o divino ou a consciência sempre intervêm e ordena: não roubarás. O clichê ou a imagem se debilita, porém não é totalmente borrada. Volta ao pensamento três ou mais vezes, e se não resistimos à tentação, a imagem se fixa no corpo astral e permanece como uma parte integrante da aura magnética. Essa imagem é vista pelo olho clarividente ou profético.

72. O astral se projeta segundo o poder da vontade. Alguns seres projetam o seu corpo astral sobre os seres queridos ou enfermos. Muitos, também na hora da morte, projetam sua imagem em alguns seres conhecidos e esses podem percebê-la, seja na vigília ou em sono.

73. Há certos ingênuos que creem que o desdobramento é todo o segredo do ocultismo; pois diremos a esses amigos que isso não é mais do que uma ginástica perigosa que a nada conduz; ao contrário, pode acarretar a enfermidade e a loucura. Nós somos os criadores dos demônios por meio de nossos pensamentos e obras, mas todo indivíduo, aqui como além, está protegido por seres invisíveis e somente os nossos bons desejos são os que influem nos dois estados ou planos de vibração sobre os demais. De maneira que para ajudar não é necessário o desdobramento.

74. Temos que ampliar o estudo do plano astral para familiarizar-nos com o mundo invisível da natureza e com os seres invisíveis, com os quais temos relação sem dar-nos conta.

75. A parte visível do homem nos manifesta a parte invisível porque, na natureza, existe uma parte invisível em todas as coisas que caem debaixo do domínio dos nossos sentidos.

76. Assim como no corpo do homem circulam invisivelmente fluidos e células, fatores incessantes do organismo, também na natureza invisível circulam forças e seres, fatores incessantes do plano físico.

77. O corpo astral é o modelador e conservador das formas orgânicas. De maneira que o corpo físico é o resultado de princípios invisíveis aos nossos sentidos físicos.

78. A parte invisível do homem se compõe de dois grandes princípios: o corpo astral ou ser psíquico por uma parte, e o espírito consciente por outra.

79. É indispensável conhecer o plano ou mundo astral para poder compreender as teorias do ocultismo e para poder explicar todos os fenômenos estranhos que se produzem.

80. Para poder dar uma explicação clara do assunto, temos que empregar certas comparações que nos ponham no caminho de uma definição compreensível. Aqui temos, por exemplo, um fotógrafo com sua máquina ante um formoso panorama. O fotógrafo focaliza a lente e toma a paisagem cuja figura se reflete e se estampa na película negativa sensibilizada. Uma vez lavada e desenvolvida, mostra-nos algo semelhante com o plano astral: o negro é branco e o branco é negro. Assim é como vê o vidente o corpo astral. Quando se estampa o clichê negativo sobre o papel sensibilizado, temos uma figura positiva vista do plano astral, e é assim como somos vistos pelo vidente deste plano.

81. Agora bem, pode morrer o artista e quebrar-se a máquina, mas é suficiente um só negativo do panorama original para reproduzir milhares de figuras positivas idênticas umas às outras, pela ação deste negativo sobre a matéria. Em resumo: cada forma orgânica ou inorgânica que se manifesta aos nossos sentidos é uma fotografia de uma ideia de um artista criador que vem de um plano superior, também chamado plano de criação, porque ali se acham ideias e princípios primordiais; da mesma maneira sucede no cérebro do fotógrafo que preparou tudo para tomar a fotografia no negativo e logo reproduzi-la em positivo.

82. Também entre o plano superior comparado com a mente do fotógrafo e o mundo físico, que é o panorama, existe um plano intermediário disposto a receber ordens do mundo superior e realizá-las atuando sobre a matéria. Da mesma forma, o fotógrafo ao receber a impressão do panorama em sua máquina, trata de conservá-lo e fixá-lo na matéria. Esse plano intermediário se chama, em ocultismo, o mundo ou plano astral.

83. Devemos esclarecer que o plano astral e todos os mundos invisíveis estão submergidos tanto na natureza como no homem, e que cada erva tem seu plano astral e até seu plano divino. Porém, para analisar as coisas temos que figurar e imaginar a separação destes mundos conexos. Por tal motivo, temos chamado a qualidade do astral como o "plano intermediário", mas isso não é tudo. O plano astral tem uma segunda propriedade, que é a criação das formas.

84. A ideia do homem se assemelha à mente divina: cria em princípio o que pode ser ou manifestar-se "em negativo" no plano astral. Quer dizer que tudo o que é luminoso, em princípio, volta a ser obscuro; e, reciprocamente, tudo o que é obscuro volta a ser luminoso. Não é esta a imagem exata do princípio que se manifesta fisicamente; é o molde da imagem. Uma vez obtido o molde, a criação astral está terminada.

85. É a ocasião em que a criação começa no plano físico ou mundo visível. A forma astral se agita sobre a matéria e dá nascimento à forma física — "e a terra se achava vazia e o espírito de Deus flutuava sobre as águas", diz a Bíblia — isto é, o clichê negativo dava nascimento às fotografias. Assim o astral tem que dar figuras exatas do mesmo molde e seguirá assim até que o molde ou o negativo se modifique. Para modificar a forma é necessário ter novo "negativo". Deus, com sua lei, pode fazê-lo imediatamente, e o homem mediatamente.

86. Os agentes do magnetismo ou fluidos criadores do astral são dois: os elementais e os elementares.

87. Em nossa comparação precedente, o negativo e todos os seus componentes que recebem a figura representam os agentes dos quais temos falado.

Toda manifestação visível é a realização de uma ideia invisível. Porque na natureza existe uma hierarquia de seres psíquicos, que se assemelha à que se encontra no homem, desde a célula óssea até a nervosa, a qual está composta de elementos vivos, inteligentes e diversos.

88. Estes seres psíquicos que habitam na região das forças físico-químicas, são chamados elementais ou espírito dos elementos. São análogos aos glóbulos sanguíneos e, sobretudo, aos leucócitos do homem. São os elementais que se movem nas capas inferiores do plano astral em relação imediata com o corpo físico.

Esses elementais obedecem à vontade boa ou má que os dirige. Eles são irresponsáveis por seus atos, ainda que tenham inteligência própria. Porfírio (século III) disse: "Levantarei, talvez, contra mim o povo, se digo que existem criaturas nos quatro elementos que não são nem animais puros, nem homens, ainda que aqueles tenham forma e raciocínio sem terem alma consciente". Também Paracelso disse o mesmo.

89. Em nosso mundo físico também temos certos animais que atuam igualmente como os elementais. O cão, por exemplo, pode, por insinuação de seu dono, atacar o ladrão ou o homem honesto. Em qualquer dos casos, o cão não tem nenhuma responsabilidade por sua ação pois apenas se contenta em obedecer a seu dono, que é o único responsável. Tal é o papel dos elementais no astral.

Porém, os elementais obedecem por carinho ou por medo ao homem, tal como obedece o soldado ao seu general; somente podem resistir à vontade do nigromante. Por isso, temos os exorcismos para dominá-los e as orações para atrai-los. O mago e o sacerdote, pelas evocações, acumulam o magnetismo universal, no qual pululam os elementais, chamados anjos pelas religiões para o bem dos fiéis e do mundo.

90. Além dos elementais, no mundo astral existem outros seres que são chamados inteligências diretoras, anjos da guarda, protetores invisíveis etc. e que são espíritos de homens que tiveram uma evolução muito notável.

Há ainda mais. No plano astral se acham outras entidades dotadas de consciência, é uma categoria de homens e mulheres mortos recentemente e cujas almas não completaram toda a evolução. Essas entidades correspondem ao que os espiritistas chamam espírito e os ocultistas, "elementares".

O que se chama imagem astral não é mais do que o clichê negativo do qual temos falado anteriormente.

O plano astral é como um espelho do mundo divino, que reproduz em negativo as ideias primárias, origem das formas e forças físicas futuras.

Antes de irmos adiante, já é tempo de lançar a grande verdade, desconhecida de muitos, que é a seguinte:

O mundo astral ou de desejos é o mundo da alma e corpo astral é o corpo da alma.

8. O corpo de desejos ou astral

91. O homem possui alguns corpos mais que o físico. Agora vamos tratar imediatamente do segundo corpo, chamado astral, ou psíquico, ou corpo de desejos da ALMA.

92. O corpo astral se une com o físico por meio de suas diversas correntes no plexo solar. O corpo de desejos emana suas correntes do sacro, onde se labora o fluido seminal, buscado e ansiado pelas entidades astrais que querem se manifestar no médium.

93. Por meio do fluido seminal, o aspirante pode projetar seu corpo de desejos e materializá-lo a curta distância.

94. O corpo astral da alma brilha como os astros. Os átomos aspirados vitalizam o sêmen, cujos átomos vão passando ao corpo astral que se torna mais brilhante segundo a pureza dos pensamentos que acompanharam a aspiração.

95. O corpo astral é o arquivo do passado, no qual vemos escritos nossos erros e baixas paixões que se convertem na causa de nossas perturbações mentais.

96. A parte desenvolvida do mundo astral ou da alma tem grande influência sobre a mente.

97. Muitos falam, sem saber o que dizem, de viagens astrais; eles nunca viajaram, pois senão haveriam compreendido que o corpo astral não pode distanciar-se muito do corpo físico. Os pretendidos espíritos do mundo astral se apoderam do corpo de desejos do médium para assombrar aos homens de sua inteligência, que é muito curta, quando estão mais além do nosso mundo. Eles vampirizam e degradam nossa vitalidade. As almas avançadas não se detêm neste mundo de desejos, no que não se vê mais do que seres do nível inferior. Essas almas, que não querem trabalhar nem ajudar os demais, converteram-se em predicadores de moral e tratam de enganar os que estão em vida, adotando uma elevada posição moral e hierárquica, tomando, por exemplo, o nome de Jesus o Nazareno e da Virgem Maria para os cristãos; e o de Moisés e Salomão para os judeus etc.

98. Se os homens soubessem o dano que causam a esses seres e o dano que causam a si mesmos com a invocação dos mortos se horrorizariam dessas sessões. Ainda mais se soubessem que o grande dever dos vivos consiste em livrar essas almas do inferno em que se acham. Tratariam de salvá-las e redimi-las da ignorância e da ilusão que as dominam no mundo dos desejos, evitando alentar seus erros, e não lhes proporcionando energia nervosa para atá-los mais e mais a este mundo.

99. Quando o aspirante adquire a prática de penetrar em seu sistema simpático, então pode contemplar conscientemente o mundo astral e seus habitantes, ávidos estes últimos de submergir no fluido sexual dos seres viventes para sentir o gozo de um desejo carnal ou sensual.

100. O médium abre as portas aos habitantes do mundo astral para que se submerjam em seu fluido sexual, porém, eles nunca podem elevar-se a seu corpo mental ou aos planos superiores. Os habitantes do astral não podem penetrar senão no sistema nervoso; vampirizam o paciente e o enganam, dizendo que possuem grandes segredos, mas não lhes é permitido divulgá-los. Pretendem ser adiantados em seu plano, porém, até agora, não beneficiaram o mundo com nenhuma descoberta nem fato científico. A maioria deles são predicadores.

101. Temos que detalhar esta classe de fenômenos nestes momentos, porque em futuros trabalhos devemos rasgar o véu e penetrar nestes mundos desconhecidos pela humanidade, para estudá-los conscientemente. Devemos compreender que a mediunidade não é o estado de sono hipnótico.

O hipnotismo é uma ciência que tem suas leis, e em trabalhos futuros as revelaremos.

102. O corpo astral da alma é um imã que atrai todos os átomos dos desejos passionais, inalados com o ar e elaborados no fígado. Esses átomos se reúnem ao redor de um órgão debilitado pelo nosso abuso e são dirigidos por nosso domínio secreto para que o destruam. Em resumidas palavras diremos que os átomos do mundo astral são geralmente inferiores. São átomos de instinto animal.

103. As entidades do mundo astral absorvem a vitalidade como os zânganos e inutilizam com o tempo, os seres com os quais se põem em contato, privando-os da vitalidade e do amor ao trabalho. A maioria dos que estão dominados pelas entidades astrais é apática, indolente, e até sem amor. O único remédio para esse mal é o exercício respiratório pela narina direita, para absorver átomos solares que desalojam os átomos que provocam a apatia, devolvendo ao homem o sentimento de interesse pelos demais.

Um guia aconselha pôr flor de enxofre no calçado durante um tempo, para libertar-se deste estado. Também assim se pode remediar muitas obsessões, porque essas entidades astrais não podem viver numa atmosfera astral impregnada pelos invisíveis vapores de enxofre.

104. "As entidades astrais buscam sempre os mortos por acidentes, apoderam-se do vapor astral e mental do sangue que brota das feridas e criam, assim, aparições e materializações muito reais nas sessões espíritas".

105. "O vinagre aplicado no reto aumenta o poder da vibração sexual e a resistência do médium para afugentar essas entidades vampiras".

106. Também com o exercício de respiração concentrado e aspirado, pode o médium livrar-se dessas entidades e pôr fim à sua escravização. O exercício deve ser praticado em dia de sol, mas não quando o ar é pesado e úmido.

107. Como dissemos anteriormente, o aspirante pode comunicar-se com os seres queridos que passaram para o mundo de desejos, sempre que empregue o sistema simpático, cujas vibrações confinam com as do mundo mental. Em algumas ocasiões uma grande alma pode projetar seu corpo psíquico para cumprir uma missão especial na terra, porém, isso é muito raro.

108. "A cremação do corpo proporciona a paz mental e diminui o terror da desintegração. As aparições nos cemitérios aos sensitivos, não são mais do que os corpos astrais apegados aos seus corpos físicos".

109. Todos devemos aprender a morrer em vida várias vezes de maneira consciente para descobrir o mistério da morte e perder o medo do desconhecido. Para seres um pouco adiantados é muito simples esse trabalho experimental.

110. A cremação é o melhor alívio para os mortos e para os vivos. Não se deve temer a morte e nem buscá-la. Devemos esperá-la com alegria e sem medo. O incenso queimado nos velórios dá energia mental à alma, e quando o inalamos, pomo-nos espiritualmente em contato com os seres que se acham no estado subjetivo da existência.

111. Quando o homem começa a aspirar, respirar e pensar, conscientemente, estende uma ponte para chegar ao sistema simpático ou a seu mundo interno; pode ler no arquivo da natureza e penetrar no tempo passado. Poderá ler vidas passadas e descobrir a lei de causa e efeito de todos os acontecimentos. Então, ele se dará conta de seus poderes internos, os quais devem ser desenvolvidos para o bem dos demais e jamais para danos e prejuízos. O estudante deve viver estes poderes de uma maneira natural e simples, até que nele se convertam em uma segunda natureza; então, perde o espírito exibicionista e principia a usá-los conscientemente sobre pessoas merecedoras. O aspirante, neste estado, se assemelha ao sábio que não se detém a explicar uma lei a crianças incapazes de compreender, senão somente a seres que aspiram e assimilam os ensinamentos.

112. Também com a magia cerimonial podemos evocar e invocar poderes e entidades mais elevadas.

113. Assim como toda coisa ou ser projeta sua sombra no mundo físico, assim também projeta um reflexo no mundo astral da alma; porém, quando uma coisa ou ser desaparece, seu reflexo persiste em astral e reproduz a imagem desta coisa ou ser tal como estava no momento da desaparição. Cada homem deixa no astral um reflexo ou uma imagem característica. Ao morrer, o homem sofre uma troca de estado, caracterizada pela destruição da coesão que mantinha unidos seus princípios de origem e de tendência muito diferentes.

114. O corpo físico retorna à terra donde proveio.

O corpo astral do ser psíquico iluminado pela memória, inteligência, vontade, pelas recordações e pelos atos, passa no plano astral a regiões mais elevadas.

115. O ideal que criou o ser humano durante a vida forma nele uma entidade dinâmica chamada Eu superior, que nada tem a ver com o EU SOU. Esse ideal acompanha o EU SOU no mundo divino.

116. Esse Eu superior, formado pelo homem atual, será a fonte de existências futuras cujos caracteres determina. E será para o vidente "imagens astrais" ou "memória da natureza" e nela estão escritas todas as histórias do passado.

Este é o átomo-mestre do qual temos falado anteriormente, formado pela energia criadora que comunica ao aspirante todas as ciências das idades. A psicometria é um ramo de seus ensinamentos.

117. Se nosso reflexo no espelho pudesse subsistir depois de nossa partida, com suas cores, expressões e todas as aparências reais, poderíamos entender o que significa "a imagem astral de um ser humano". Mas, por outro lado, temos o clichê negativo que pode nos dar uma semelhança.

118. Os antigos sabiam bem isso, e o chamavam sombra ou imagem astral (clichê negativo) o que reside nas regiões do plano astral do Eu inferior; e Eu superior o que reside nas regiões superiores: enquanto que o mundo do espírito é o templo do EU SOU.

119. Nas sessões espiritistas deve-se comprovar e ter cuidado em averiguar se na evocação do defunto acode o seu Eu inferior ou o seu Eu superior.

No primeiro caso o ser evocado será como um reflexo no espelho: será visível, poderá fazer alguns gestos e será "fotografável", mas não falará.

No segundo, o evocado falará e muitos o poderão ver ao mesmo tempo.

120. Em resumo: o mundo astral é o intermediário entre o mundo físico e o mundo do espírito e contém o seguinte:

a) Entidades psíquicas que dirigem o mundo astral. Essas entidades psíquicas, ou homens superiores, pertencem à nossa humanidade ou a uma anterior à nossa.

b) Os fluidos astrais são de uma substância análoga à eletricidade, porém, dotada de propriedades psíquicas: a luz astral.

c) Nestes fluidos circulam entidades diversas, suscetíveis à influência da vontade humana. Os elementais são muitas vezes formados pelas *ideias vitalizadas* do homem.

d) Além desses princípios, vemos outros: as formas que devem manifestar-se no futuro, no plano físico; formas constituídas pelo reflexo em negativo, de ideias procedentes do mundo divino.

e) No astral existem "imagens astrais", cascarões de seres e coisas, reflexos do plano físico.

f) O plano astral é um, mas com graus de polarização ou de vibração diferentes: *O Telismã de Hermes*. Quando emanado do Deus, antes de todas as coisas, Ele disse: "Faça-se luz".

g) É ao mesmo tempo substância e movimento. É um fluido de vibração perpétua. A força que o põe em movimento e que lhe é inerente se chama magnetismo. No infinito é a luz etérea.

Nos astros que ela anima é a luz astral.

Nos seres organizados é a luz ou fluido magnético.

No homem forma o corpo astral ou o *mediador* plástico.

121. A vontade inteligente atua diretamente sobre esta luz e, por seu meio, sobre a natureza submissa às modificações da inteligência.

Esta luz é o espelho comum de todos os pensamentos e de todas as formas.

Ela guarda as imagens de tudo o que existe e existiu, e por analogia, de todos os eventos nos mundos vindouros.

É o instrumento da taumaturgia e da adivinhação

(Papus: *Tratado elementar das ciências ocultas*. Eliphas Levi: *A chave dos grandes mistérios*).

122. O sangue nutre o organismo. O sistema simpático move os vasos sanguíneos que estão rodeados por pequenos fios nervosos que se unem ao gânglio simpático mais próximo. Esses nervos se dividem em vasos constritores e vasos dilatadores: os primeiros contraem e os segundos dilatam. Partindo da espinha dorsal, o grande simpático forma três grandes plexos que presidem os grandes centros da vida vegetativa, e são: o plexo cervical, o plexo cardíaco e o plexo solar. Esses possuem nervos condutores do fluido. Mas donde provém esta força motriz?

123. Os glóbulos vermelhos, sem guardar nada para si, proporcionam o elemento vital para todas as células. O cerebelo, ao apoderar-se desta força vital levada pelo sangue, transforma-a em eletricidade humana. Dois condutores partem do cerebelo: o primeiro é o pedúnculo cerebelar superior, que conduz esta energia ao cérebro anterior e que termina no núcleo vermelho de Stilling; o segundo, o pedúnculo inferior, que se dirige até os centros cinzentos da medula, onde nasce o grande simpático. Os dois hemisférios do cerebelo estão unidos pelo pedúnculo médio.

124. Quando chega o sangue ao cerebelo, produz--se a força nervosa. Durante a vigília, esta energia flui ao cérebro. A mente então pode pensar e atuar no corpo; como cada ideia deixa exausta uma célula nervosa e produz um desgaste de energia, resulta que, depois de algum tempo, as reservas do sistema simpático terminam e nos sentimos cansados e esgotados, a cabeça se volta pesada e começamos a bocejar. O bocejo remove a força nervosa rapidamente. No fim de uma jornada ou depois de um trabalho fatigante, sentimos a necessidade de descansar. Nesse momento a força nervosa já não chega mais ao cérebro, porém, passa pela medula e pelos gânglios do simpático, através do pedúnculo inferior do cerebelo, enquanto que o supérfluo do fluido nervoso produz sonhos inferiores ou orgânicos.

125. Quando, durante o sono, o grande simpático se aprovisiona da energia nervosa, a corrente remonta até o cérebro e a mente começa a atuar durante a vigília. Porém, existem certos casos de rupturas duradouras ou momentâneas entre a mente e o corpo físico, como na apoplexia, na qual a mente troca de lugar ou *altera* seus funcionamentos e passa do físico ao astral.

Certas enfermidades graves, como a febre tifoide ou a neurastenia, obrigam o espírito a afastar-se por mais tempo do corpo físico. Enfim, o desvanecimento corta a união do consciente com o ser impulsivo.

126. Muitos falam de hipnotismo, magnetismo e sugestão, porém poucos compreendem o porquê destes fenômenos.

Há três maneiras de hipnotizar uma pessoa: a primeira consiste em esvaziar a força cerebral no cerebelo, fascinando o cérebro por meio de uma luz forte, posta diante dos olhos, e o sono hipnótico se produz instantaneamente. O espírito separa-se do ser impulsivo e toda a força nervosa fica centralizada no cerebelo, e o paciente fica em estado semi-inconsciente. Assim se obtém o sonambulismo. Porém, podemos obter a hipnose não só por meio do olhar como por meio de qualquer dos sentidos: pelo olfato, pela audição e pelo paladar.

127. Para obter o sono magnético é necessário congestionar o plexo cardíaco por meio de passes. Nesse sono o sujeito se acha, frequentemente, em relação com as forças e seres do universo. Então se produzem as visões e o magnetizador pode separar o corpo astral do físico e enviar o mental distante para adquirir certos conhecimentos.

128. A energia, sendo levada ao plexo solar, produz os fenômenos espiritistas. Esse plexo une o homem à natureza instintiva ou física. Quando a força nervosa do ser humano começa a sair deste centro, num quarto escuro, os objetos se iluminam e pode-se constatar a existência de raios de luz negra. Neste estado o corpo astral sai do físico ao nível dos rins e pode aparecer ao lado do paciente. Todos têm um duplo luminoso que pode apresentar-se a si mesmo. Este desdobramento se produz quando o nosso plexo solar está congestionado por algum meio.

129. O médium adormecido pode unir seu astral ao de algum magnetizador que se ache entre os presentes e poderá assimilar facilmente suas ideias e revelar muitas coisas somente conhecidas por uma pessoa dos assistentes, convertendo-se, assim, em um leitor de pensamentos. Em outros casos, o sujeito se põe em relação com os elementais e suas comunicações infantis. Pode também o médium comunicar-se com suicidas ou elementares de baixa categoria e, por último, existem certos médiuns que, às vezes, entram em relação com um ser do plano espiritual.

130. O EU SOU está envolto em uma matéria que tem várias escalas de vibração. O espírito é semelhante a uma chispa de luz, rodeada de astral que parece uma auréola, amuralhada pelo corpo físico. Os antigos representavam o astral em forma de serpente, porque os fluidos emanados da natureza do homem serpenteiam, aparentemente, dessa mesma maneira. Por tal motivo, chamam de Kundalini — serpente ígnea — esses fluidos.

131. A serpente ígnea está representada pelas vogais de cada idioma, e essas vogais constituem a palavra perdida. Na mesma palavra perdida se encontra a letra da vida e da morte. A vogal "U" é o som da morte, e todo ser na hora de morrer escutará o som ou o ruído de "U" prolongado. É o símbolo da serpente que mata e que ressuscita; vemo-la nas escrituras, no caduceu e em todas as religiões.

132. As perturbações de origem nervosa demonstram que o astral não está fixo ou funciona mal. Quando os médicos chegarem a sentir e compreender isso, a loucura será curável.

O regime vegetariano influi sobre o astral por tempo determinado, mas o regime do pensamento é muito mais efetivo. Pensar sempre bem, falar sempre bem dos demais, e agir sempre corretamente, depura o corpo astral e o converte em luminoso e puro.

9. Os mundos invisíveis

133. Já é tempo de falar dos mundos invisíveis ou dos mundos sutis, porque algum dia teremos que explorá-los em vida, antes de deixar definitivamente o corpo físico. Antes de ascender ao Pai, ou ao céu das religiões, é obrigatória primeiramente a descida ao inferno que está localizado no baixo-ventre. Temos que estudar as densidades dos átomos e chegar ao maior abismo do mal. Em nosso inferno, moradia do inimigo secreto, estão registrados todos os nossos feitos desde quando adorávamos o mal, sacrificando tudo sem nenhuma compaixão e sem perdão. No inferno teríamos que sofrer horrivelmente se não tivéssemos a inteligência protetora do átomo *nous*. Esta é a ordália, este é o enterramento na natureza inferior, e ninguém poderia suportá-la, se não fosse a proteção do EU SOU.

134. "Nestas esferas o visitante iniciado será atacado e envolvido numa atmosfera de luxúria e paixão, terrivelmente intensificadas. Mas sempre existe, em vigília, um grande mago, cujo trabalho é guiá-lo aos mundos superiores".

Os magos egoístas nessas esferas são muito poderosos pois empregam a mulher para o domínio do mundo físico e, quando logram seus propósitos, as abandonam. Proporcionam fortuna e gozo sexual aos seus seguidores e estão sempre criando uma espécie de adoração sexual, como no tempo da Atlântida. Em muitos estudantes, quando chegam a certas etapas do desenvolvimento, surge uma espécie de desalento: ao verem-se muito atrasados em sua evolução, entregam-se a estes átomos magos e deles recebem um desenvolvimento intelectual muito intensificado, com certo progresso em sua fortuna.

135. Todo ser pode comunicar-se com os mundos invisíveis por meio de seus próprios átomos. Enquanto predominam no homem seus átomos densos do mundo inferior de seu corpo, suas comunicações serão com espíritos inferiores que lhe dão uma intelectualidade lampejante, e ele se sente arrastado à mediunidade e, muitas vezes, ao domínio sádico e obtém brilhante intelecto, mas não a inteligência verdadeira.

Esses seres se convertem em loquazes e crentes de si mesmos. Sempre falam com desenvoltura, estando em vigília ou em transe e rara vez escutam um conselho.

136. O mago e o discípulo podem baixar ao mundo inferior, conscientes do que fazem como um rei que visita a uma prisão ou cárcere. O mestre se comunica com os mundos superiores por meio dos átomos que formam a aura mental. Nesses mundos não existem discussões como nas esferas inferiores. As verdades espirituais não necessitam de teologias nem de dogmas. Só no mundo inferior se discutem suas crenças com crueldade. O mestre nunca discute nem refuta; fala somente quando se lhe pede instruções e quando o interrogam, como para examiná-lo, ele sorri e responde com evasivas.

Enquanto o homem mede a diferença entre o mal e o bem, está valorizando o castigo e a recompensa; assim, está dentro do mundo físico e ainda não penetrou na atmosfera que se encontra mais além do bem e do mal. Essa atmosfera cósmica nos invade e inunda de um amor cheio de gozo e de alegria, que nos faz esquecer de nós mesmos para gozarmos e nos sentirmos felizes.

É o estado do nirvana dos iogues ou êxtases das religiões.

Muitos ensinam que o nirvana é a perda da individualidade na divindade. Isso é errôneo por muitas razões. Nirvana é gozar, esquecendo-se da personalidade; para compreender isso podemos tomar exemplos, ainda que toscos, da vida diária: podemos gozar vendo um filme alegre, sem dar-nos conta da nossa personalidade durante a exibição. Ao contemplar a beleza da mulher amada, esquecemo-nos da personalidade para ser transportados ao mundo da felicidade. Dessa maneira podemos comparar o nirvana, ainda que a comparação seja algo material e grosseiro.

137. Nestes mundos se pode ler o passado para adivinhar o futuro. Também podemos nos ver quando tínhamos peles como animais e emitíamos gritos e sons semelhantes aos das crianças e como fomos evolucionando paulatinamente. Ali encontramos seres elementais que nos rodeiam e nos pedem sabedoria e conhecimento para seu desenvolvimento. Temos que prestar ajuda a muitos seres que empregaram equivocadamente seus poderes. Muitos homens de boa vontade ajudam durante o sono, e inconscientemente, os que se encontram desesperados e angustiados.

138. Então compreendemos que o "inferno" é um estado que foi criado por nós mesmos e que, aniquilando a besta ou a natureza interior, é como se pode ver a luz inefável. Embora tenha a besta seus poderes malignos, só pode dominar-nos por algum vício secreto que nos domine. A vaidade é a melhor arma da natureza inferior. A mente impessoal escapa a seus poderes e utiliza o poder que a substância elementar inferior desintegra e que perturba certas mentes e as enlouquece.

139. O mal do mundo invisível, visto do interior, produz certo estado de depressão que causa fastio ou cansaço, pois as mentalidades demoníacas têm amplo poder para dominar as demais. Porém, a lei redentora fez com que estas mentalidades se dividissem em dois campos opostos, numa luta de morte de um contra o outro. Nem mais nem menos como no mundo visível. Os chefes guerreiros são influenciados por estas entidades e chocam-se entre eles mesmos e quando o mal se divide entre si, aniquilam-se a si mesmos. As guerras começam como todas as coisas, primeiro no mundo interno, "em guerra de nervos", como foi batizada ultimamente, para logo produzir-se no mundo externo.

140. "Nestes planos também se preparam e inventam armas mortíferas, para depois imprimi-las nas mentes sensitivas dos inventores". Também no plano superior se utiliza o mesmo método para combater o mal com o bem, inventando algo que anule os efeitos dos inventores adversos.

Os homens provocadores de inimizade entre as nações são mensageiros do princípio do mal e os políticos são seus instrumentos.

141. Agora o leitor compreenderá por que os mestres buscam discípulos e aspirantes. Temos que nos harmonizar com a nova energia que está descendo sobre o mundo (senão, nações e indivíduos serão destruídos pela própria natureza) para preparar outras gerações que medirão suas riquezas por sua realização moral.

142. A discórdia e a guerra na bolsa, na indústria e no comércio, são provocadas por mentes intensamente financistas no mundo interno. A Grande Inteligência é uma fonte inesgotável à disposição de todo ser; só a mente é quem a utiliza, segundo seus desejos ou inclinações. É necessário aniquilar a mentalidade maligna para limpar os centros inferiores de seu corpo físico.

143. O melhor método para realizar esta depuração é aspirar ao saber e inspirar os átomos solares. Mas deve-se ter perseverança e resistência porque, ao evocarmos o exército do bem, surge a oposição que busca nos derrotar a todo transe, por meio do terror ou grandes promessas.

Não obstante, existe outro método para aqueles que não podem resistir muito na luta, que é o bem servir os demais, impessoal e incognitamente.

144. Neste inferno tudo se descobre. Ninguém pode ocultar nenhum vício ou hábito; tudo está à vista. O criminoso reconstrói seu crime e ainda que trate de ocultá-lo, ele é visto publicamente. Conquanto tudo isto seja ilusório, é real para os habitantes deste mundo. Os sacerdotes fanáticos na Terra continuam provocando a discórdia entre os fiéis das diversas religiões. Os habitantes deste mundo sempre buscam os médiuns para se alojarem nos fluidos astrais de seus corpos. O discípulo não pode entrar só pela primeira vez nestas regiões; precisa de um mestre para guiá-lo, o qual, com sons vocais abre a porta para poder conversar com esses seres por meio da telepatia. Nenhuma entidade pode apoderar-se de alguém se não o atraí pelo seu pensamento ou pelo comportamento negativo desse alguém. O médium é sempre um ser negativo porque evoca essas entidades que absorvem sua vitalidade, alojando-se em seu corpo astral até esgotar suas forças para assim realizar seus apetites e seus desejos.

145. O aspirante à magia deve ter e manter o corpo e a mente em plena saúde. Os enfermos e débeis atraem larvas destas regiões. Nosso futuro trabalho versará sobre a medicina psíquica, porque as afecções mentais e desordens nervosas estão flagelando a humanidade e os médicos que nunca tiverem tido um desenvolvimento mental e psíquico não podem, jamais, ensinar como imunizar os homens.

146. O inimigo secreto combate os criadores e os aspirantes com o elemento da preguiça e da inércia; por isso vemos que muitos são os chamados e poucos os escolhidos. Milhares entram com o afã de chegar o mais rápido possível; mas ao ver que a senda é extensa, desanimam-se. Entretanto, devemos confessar que esses ensinamentos devem ser dados à juventude, para lograr a sabedoria durante os primeiros anos de virilidade. Gente débil e gasta não pode dar muitos passos e cansa-se rapidamente. Os jovens também têm seus defeitos: querem correr demasiado e, quando chegam à encosta, já não têm alento para poder prosseguir. Aquele que procura aprender sob a direção de um instrutor, tem que ter suficiente quietude para receber de seu mundo interno a resposta adequada às suas aspirações.

147. Devemos estudar, detidamente, estes mundos sutis e invisíveis para poder e saber atuar neles em vida e depois da morte. Após a morte, a pessoa rememora suas paixões e desejos que a sujeitam à terra. Muito sofre a alma e muito tarda em despojar-se de seus apegos. O primeiro trabalho do mago nestes mundos, ao sair de seu corpo físico, é auxiliar os agonizantes. Tem que fazer viagens mentais, atravessar a capa da ilusão do moribundo, cortar o cordão astral como se faz com o recém-nascido ao cortar-lhe o cordão umbilical... e depois, colocar o falecido num lugar onde possa despertar e ser auxiliado pelos encarregados de o fazer nesse plano. A morte é a segunda infância, porém a iniciação em vida é a sabedoria que a ambas protege e auxilia. Os antigos sacerdotes cristãos sabiam e praticavam a projeção do corpo psíquico; porém, quando perderam essa divina faculdade, valeram-se da confissão e da extrema-unção. Os magos seguem o único meio irrecusável e insubstituível. As missas de defuntos e outras cerimônias fúnebres, têm por objeto libertar a alma de seu cascarão. A muitos estudantes é dado como trabalho cortarem os cordões astrais nos cemitérios com a concentração. A cremação do corpo físico abrevia muito o trabalho, porque o morto perde toda a esperança de voltar ao mundo físico e escuta com mais docilidade o seu guia.

148. O medo é o maior obstáculo do discípulo nestes mundos, porque o inimigo lançará contra ele o morador do umbral, com todas as suas aparições terríficas. Todos os que têm medo da obscuridade, dos bosques e de animais, não podem penetrar nos territórios dos elementais. O melhor exercício para eliminar o medo é enviar amor para estes lugares, a animais ou seres que infundem temor, e ele desaparece como por encanto. O amor é o melhor domador dos elementais e é o mais poderoso instrumento do mago para auxiliar o homem em sua evolução.

149. Depois da morte não há repouso como geralmente se crê; ao contrário, a vida do "mais além" é muito mais ativa do que aqui, com exceção para o ateu, que depois de morto se encontra preso numa atmosfera densa, por muito tempo, sem consolo e sem nenhum trabalho.

Ao morrer uma pessoa, seu anjo registrador o recebe e lhe apresenta os átomos-arquivos de todas as suas obras, para julgá-las e julgar-se a si mesmo. O Eu superior intercede ao EU SOU, e se realmente anela a superação pelo bem e está arrependido de suas más obras, lhe será administrada justiça plena de misericórdia.

150. O anjo da morte é uma inteligência que acompanha o homem desde o princípio da evolução. Muitos seres sensitivos sentem sua presença como um alento no ar. A atmosfera de um santo ao morrer será como um abalo nos que têm átomos de estrutura inferior.

151. No mundo astral não existe a noção do tempo; vivemos pela respiração enquanto que o ventre se encontra em estado fluídico. Nossas viagens e transportes de um lugar para outro se efetuam pela simples vontade. O espaço não existe. Lá se vê tudo o que existe no mundo físico sobre um fundo obscuro e rodeado de luz. Há muitas luzes e cores diferentes. A cor indica a classe de enfermidade que pode ter uma pessoa e a planta que pode curar a enfermidade. Veem-se, com frequência, certos raios brilhantes: são insetos ou répteis. De repente, aparece um sol: é um ser humano que viaja de um lugar a outro, como dizemos no mundo físico. Há cores cinzas, verdes, negras, azuis etc.

No astral se realizam imediatamente nossas ideias. Nesse mundo a ideia se apresenta facilmente, e não como sucede no mundo físico, onde é dificultoso expressá-la. Também se veem as ideias alheias e até se pode captá-las e vivificá-las, mais e mais, se são de nosso agrado, assim como inspirá-las aos cérebros viventes, no plano físico. Esta é a razão dos descobrimentos que se efetuam em vários lugares ao mesmo tempo, tal como sucedeu com o cálculo integral, descoberto por Newton e Leibnitz. Júlio Verne imaginou o submarino, captando a ideia desse mundo. Assim também as ideias de amor e de ódio, de paz e de guerra, brotam do mundo astral e o iniciado é aquele ser que aceitou o bem e com seu pensamento e atitude trata de desintegrar o mal deste mundo e por isso a Providência vem em sua ajuda. Estas são as tentações que devemos evitar e temos que pedir sempre ao Pai para que nos ajude a vencê-las. Quando o homem pratica boas obras, pouco a pouco obtém uma força magnética extraordinária, com a qual pode efetuar maravilhosas curas, servindo-se do grande poder.

10. Os ciclos da vida e da morte

152. A história do homem começa no momento de seu nascimento ou de sua encarnação. Mas, para nascer, deve ter existido e para morrer, deve haver nascido.

Este renascimento ou reencarnação não se efetua ao azar, senão que é completamente consciente; por isso, se estamos aqui é porque nós mesmos o desejamos, embora para queixar-nos depois, já que nossas queixas foram previstas e anunciadas antes de nossa reencarnação. Não obstante, o espírito deve repetir o que disse o Cristo: "Faça-se a vontade do Pai". Os planetas mais espirituais são os que se aproximam mais do Sol. Isso é uma verdade combatida pelos astrólogos, porém, não importa. Na Terra somos uma espécie de demônios e nela existem seres celestes.

A Terra é inferno, purgatório e rara vez um paraíso para poucos seres. Nela se nasce, se luta e não se chega a realizar a síntese da humanidade.

153. Nada sucede se nós não quisermos. O Cristo aceitou de antemão tudo o concernente à sua vida e desceu por nós a este globo muito antes de nossa vinda. Depois nós descemos por nossa própria vontade. Podemos permanecer no plano astral dois anos, dois séculos ou dois mil anos; isso é algo completamente pessoal, e assim como a vida de cada um na Terra é diferente em duração, também no astral não há uma regra geral, podendo a pessoa permanecer dez dias como dez séculos.

154. Quando se aproxima o tempo de um ser reencarnar-se, acerca-se dele o anjo da alma para averiguar se ele tem coragem para descer. Então começa a alma a ver de antemão o que deve sofrer e tem liberdade de recusar. Se aceita, sentirá que a Providência não a abandonará nunca e que sempre será guiada por seres que a rodearão durante toda a sua vida terrestre.

Então desce e todos os antecessores e amigos cantarão de alegria por sua coragem e por sua futura evolução; mas, uma vez reencarnada, tudo esquece, porque adquire uma roupagem e um cérebro novos e não pode recordar, salvo em determinados casos. A Providência dispôs esse esquecimento para que a existência não seja um contínuo inferno se se chega a saber de antemão o que vai suceder durante nossa vida presente.

Conhecer o futuro de antemão é sofrer duplamente; com isso perderíamos toda a energia de lutar, desejando tão somente morrer em seguida. Que seria dos pais, se soubessem que infalivelmente seus cinco filhos deverão morrer na guerra?

Que seria da esposa, se visse que o marido iria abandoná-la com dez filhos menores?

Isto é o que nos sucede ao virmos à Terra.

155. A descida se efetua através dos planetas. Logo o espírito começa a recorrer ao redor da Terra, buscando a entrada na futura morada. A Terra está defendida por essa serpente ou corrente astral que a rodeia. Podemos percebê-la no estado astral. Esta corrente tem doze portas, chamadas signos zodiacais. Cada espírito penetra na Terra por signo diferente, mas sempre está ajudado pela luz do anjo que o conduz nesta poderosa e terrível corrente, para chegar à zona de atração terrestre.

156. O espírito na Terra principia a aclimatar-se, a acostumar-se à sua atração e é como um satélite humano da futura mãe. Depois de nove lunações ou revoluções lunares, envolve a seu sol mãe com eflúvios divinos e astrais e toma conhecimento do corpo que está se formando. Logo tem lugar o nascimento. É um ser novo que vem ao nosso mundo e durante longo tempo a criança encontra-se em relação com o mais além; porém, os seres da Terra não compreendem isso e até tratam de cortar essas relações.

Enquanto escrevíamos estas linhas, tínhamos diante de nós uma menina de dois anos, que, juntando as mãos, disse: "aqui está Pepito". Logo depois, começando a rir, falou certas palavras e depois de um momento corre e começa a chorar, dizendo que o Pepito se foi por um buraco pequeno da mesa ou cadeira. Em várias ocasiões, e de diferentes modos, se repetiram essas cenas com a pequenina.

Estas recordações do outro mundo duram até a idade

de quatro anos e logo começam a esfumaçar-se. Os olhos e ouvidos terrestres se dedicam mais e mais à terra e a percepção do além se cerra, principiando assim a criança a ter consciência das coisas materiais.

Cabe à mãe educar e despertar os sentimentos do coração da criança até a idade de sete anos.

157. Só as mulheres podem desenvolver o coração da criança de uma maneira conveniente; os homens formam somente o cérebro. Esta é a diferença entre a ação feminina e a ação masculina. Várias vezes se tem repetido que a nação cujas mulheres não compartem com os homens o destino de seus habitantes irá tarde ou cedo ao fracasso, por seu despotismo e tirania; além de formar os cérebros, há que desenvolver os corações. Aos sete anos, o espírito toma posse do corpo completamente e a inteligência começa a atuar. Então principia a sociedade a desempenhar o seu papel na formação da criança.

158. Estamos fabricando os nossos corpos desde o mais além; é o que são Paulo chama corpo glorioso. Essa fabricação dura pouco ou muito, segundo os nossos deveres da vida. Se forem muitos, morremos mais ou menos aos oitenta anos; porém se são poucos, a natureza nos leva rapidamente para evolucionarmos no astral.

Estamos na Terra para desempenhar um papel social e para fabricar nossos corpos espirituais. Quando terminarmos o trabalho, vem a morte. Não devemos temê-la, porque não perdemos nada com a permuta.

Ninguém pode adiantar-se sozinho. Somos todos como os elos de uma cadeia, ou então, como as células de um organismo. Todos devemos trabalhar juntos e pelo conjunto; nenhuma célula pode avançar mais que o seu órgão. Tenhamos mais indulgência, piedade e amor para com os nossos semelhantes. O mundo está cheio e farto de leis e códigos. As únicas leis imutáveis podem ser resumidas em poucas palavras: "Ajudemo-nos uns aos outros".

Não devemos julgar jamais os que caem; ao contrário, temos que conduzi-los ao caminho da paz interna e da felicidade da alma. Devemos imitar a mulher em sua obra de bondade e amor, em seu princípio feminino, na humanidade.

159. A Arca da Aliança da Bíblia tem o mesmo significado e símbolo da matriz da natureza e da ressurreição. Assim também no humano a matriz da mulher é a tumba da alma e ressurreição para a vida nova.

Aquele que adora a mulher sem profanar seu sacrário ou santo dos santos, forçosamente tem de ressuscitar na nova vida espiritual.

160. A tumba é o símbolo do princípio feminino no cosmos, na natureza e no homem. O próprio Jesus, o Cristo, cumpriu esse mistério passando pelas fases da lei.

Todos os símbolos das religiões, tais como barco, nave, recipiente, cálice, baleia, mar, tumba, lua nova etc., são símbolos da mulher e do princípio feminino no homem.

Também as personificações desses símbolos: Vênus, Astarteia, Mãe de Deus, Rainha dos Céus, Rainha do Abismo ou da Terra, Rainha da Fecundidade, Mãe do Salvador, Eva, Virgem Maria, Vestal etc., representam a mulher, o princípio feminino ou o Espírito Santo.

Os antigos sabiam disfarçar o mistério dos arcanos com símbolos: a nave ou meia-lua, o barco da vida era a madre, a mulher cujo segredo ou sabedoria a ninguém se ensina, exceto ao mais elevado.

161. Quem é o mais elevado? — É o *Yod*, é o Deus masculino... Já se disse que a câmara do rei na pirâmide do Egito é o santo dos santos, símbolo da matriz da natureza e da mulher. Nenhum homem podia entrar pela passagem da entrada, na câmara do rei, com o corpo erguido. Tinha de curvar-se, e o homem curvado para entrar no santo dos santos é o IAO, ou o Espírito Santo dos cristãos, o dador de vida pela ação geradora.

162. Diz a Bíblia: "Deus criou o homem à sua própria imagem; à imagem de Deus Ele o criou, macho-fêmea o criou"... e não como se traduziu "macho e fêmea" porque sendo o homem a imagem de Deus, não deve ser nem macho nem fêmea, e sim andrógino; porém, quando depois se realizou a separação do sexo, foi necessário que Adão conhecesse sua mulher para novamente converter-se em criador, à imagem de Deus. "A soma de meu nome é *Sacr*, o portador do germe", disse Jeová a Moisés. De modo que *Yod*, Eva ou Jeová significa o matrimônio que é um sacramento.

Todas as diferenças resultam de terem as religiões exotéricas tomado o mistério dos dois como coisa real, sendo ele completamente metafísico e espiritual. Então a diferença está no sentimento; porém, os símbolos bíblicos são idênticos.

163. Do exposto devemos compreender que a união sexual representada pela entrada no sarcófago, na câmara do rei, no santo dos santos, no tabernáculo ou no Templo de Salomão, a adoração de Noé na Arca ou também no santo dos santos, significa regeneração, não geração. É no santo dos santuários que se convertem os homens em sacerdotes imortais e filhos de Deus, mas nunca em homens mortais e filhos da carne.

O verdadeiro mistério dos dois era e é tão sagrado que não se pode revelar ao vulgo; porém, temos certeza de que a compreensão só penetra na mente do que merece compreender os ensinos.

A arca da aliança denuncia o mistério dos dois ou de Jeová: o *Yod* ou falo e Eva, a abertura ou matriz.

164. O homem que não tem algo feminino e a mulher que não tem algo masculino serão como as bestas, macho e fêmea, porém não seres humanos.

Este mistério cumpre-se no céu do homem: é o mistério do sexo que conduz o homem à vida eterna, à ressurreição.

Assim levam os anjos atômicos, do céu do homem à sua terra, o pólen da árvore da vida. Essa semente é trazida do mundo divino para ser semeada na matriz da natureza-mulher e vive pelo sentimento e amor.

165. Toda união sexual, disse um sábio, é um passo de constelações inteiras de almas humanas, Via Láctea, via celeste.

O mistério dos dois é o mistério do Espírito Santo; quem blasfema contra esse mistério não será perdoado.

"E perguntaram a Jesus: Quando virá o reino? E disse Ele: Quando dois forem um, e o masculino passe a ser feminino e já não haja nem masculino nem feminino" (Clemente de Alexandrina. *Stromata XIII-92*).

166. O homem, para voltar à divindade, deve ter uma mulher em si e não uma mulher para si. Muito poucas cabeças são capazes de pensar por si mesmas porque estão dominadas pelos átomos da bissexualidade.

Quando evoca a mulher no homem e este nela, a chama luminosa ilumina os sete centros do corpo e os compenetra com seu poder, tendo em conta que essa chama não deve ser apagada.

167. Essa chama, no sacro, converte o homem em criador. Conhecerá suas vidas passadas, escritas na base da espinha dorsal; compreenderá e sentirá o mistério do Espírito Santo com seu fogo criador. No centro esplênico verá o desenvolvimento da vida e da saúde corporal, mental e espiritual, e esse fogo será no corpo o elixir da vida. No centro do umbigo adquirirá o poder da intuição e o dom da profecia; o futuro e o passado ser-lhe-ão presentes. No centro cardíaco sente o homem o nascimento do Cristo em si e compreende o objetivo do seu sacrifício e o verdadeiro significado das religiões e da ciência. No centro laríngeo adquire a clarividência e ouvirá os sons celestiais para traduzi-los e vocalizá-los em palavras criadoras, construtivas. Então poderá dizer com Cristo: "Minha palavra é a verdade que sai da boca de Deus" e obterá logo o dom das línguas. No centro frontal chegará por meio da intuição a ver até o coração da Terra e o céu estará sempre aberto diante dele. Conhecerá suas vidas futuras e o processo da evolução do universo. E quando essa luz subir ao centro coronário, poderá dizer e sentir ao mesmo tempo: EU SOU; *Ele é Eu*, porque chegou à última etapa da evolução e se converte na própria divindade. Cada centro tem sete portas e, atrás de cada porta se acham sete atributos do Absoluto; porém, cada atributo tem uma relação direta com cada porta e cada porta tem uma passagem secreta para cada centro.

168. O primeiro aspecto chamado Pai esperou até que o ser animal, isto é, animado pela vida, se individualizasse da alma de sua espécie para sobre ele enviar um fragmento seu, de seu espírito, para iniciar sua evolução buscando a divindade em tudo quanto existe na unidade do todo.

De maneira que Deus, o Íntimo EU SOU, considerado sob os três aspectos, como Pai tem a natureza, Maria, por filha; como filho, tem a natureza por mãe; como Espírito Santo, que a fecunda, tem a natureza por esposa.

169. Devemos compreender uma vez por todas o seguinte: ao dizer aspecto ou pessoa da trindade, jamais devemos imaginá-lo um ser, um homem ou uma entidade, pois tal concepção nos leva a muitos erros; mas, conceituando as três pessoas ou manifestações do Absoluto como poder, vida e movimento, nossa inteligência pode ajudar-nos a compreender o mistério da trindade ou dos três em um.

170. O homem, que é a miniatura do universo e a imagem de Deus, tem a sede do poder no átomo que se acha no impenetrável entrecenho. A vida tem sua morada em outro átomo, na glândula pituitária, e o movimento está em outro que jaz na glândula pineal.

171. O primeiro átomo, que representa o Pai, domina a cabeça e a medula, fonte da energia nervosa, origem do poder pensante e inteligente.

O átomo filho materializa a vida no tórax, origem do sentimento, da paixão e do saber.

O terceiro átomo, que é movimento, fabrica a matéria no ventre, domínio da sensação e do instinto.

Mas, acima dos três se acha o cérebro, contraparte do EU SOU que abarca os três e todas as suas criações.

Da unidade do cérebro emanam todas as diversificações no corpo; todavia continuam sendo nele uma unidade.

172. É preciso compreender que não estamos falando do EU SOU, porque d'Ele nada sabemos senão que existe. Estamos falando dos seus aspectos.

O primeiro aspecto, chamado Pai, não pode manifestar-se em plano inferior ao supremo, só no homem; ao passo que o segundo aspecto desce ao plano imediatamente inferior (o tórax no homem) de cuja matéria se reveste e se diferencia do primeiro; habita em todo ser vivo. O terceiro, porém, desce até o ventre da Virgem Maria, a matéria inerte, para dar-lhe movimento. Esses três aspectos na cabeça estão no mesmo nível e os três são um; porém, na descida ao tórax e ao ventre, são muito distintos cada qual em seu próprio plano. Cada um dos três aspectos tem função especial que cumprir no preparo e desenvolvimento do homem.

Dissemos no item 307* que os iogues chamam *Pingala* ao nervo por onde desce a aspiração positiva, e está situado ao lado direito da medula vertebral; *Ida* ao nervo esquerdo por onde passa a energia negativa ou passiva; e *Sushumna* a um terceiro que conecta com os outros dois no gânglio sacro e sobe pelo centro da coluna até o cérebro, depois de distribuir diversas energias a todos os centros. Agora podemos comparar as funções dos três aspectos: o Pai não pode manifestar-se em plano inferior ao supremo, porém sua energia, poder que assemelha à eletricidade, alcança o nervo do lado direito até o

---

* Do livro anterior, sobre o 4º grau, *Do mestre secreto e seus mistérios*.

extremo da espinha dorsal. O Espírito Santo faz baixar sua energia movimento pelo lado esquerdo passivo e, ao chegar à base da espinha dorsal, essa energia, unida à do Pai, transforma-se no chamado fogo serpentino. O filho recebe as energias dos dois e neutralizando-as, forma em ambas a vida luz que ascende com ela do reino mineral ao divino ou do baixo-ventre, ventre, coração, até a cabeça.

A trindade superior assim manifestada converte-se em unidade, seja porque Deus se faz homem, seja porque o homem se converte em Deus por meio do poder, vida e movimento pelo pensamento, aspiração e respiração.

173. Com a pureza e respiração equilibrada de ambas as fossas nasais, equilibra o homem os dois princípios na base da espinha dorsal e com o pensamento concentrado pode fazer que ascenda a energia pela medula central até o cérebro, formando ao redor da cabeça, uma auréola de força que desperta o átomo da glândula pineal. Uma vez despertado esse átomo, o homem encontra seu mestre. É o que quer dizer: "quando o discípulo está preparado o mestre aparece", ou que equivale a: "quando a mente do discípulo está envolta pela aura luminosa da energia criadora, vem o mestre ocupar seu trono no cérebro". O mestre é o mesmo átomo do Espírito Santo que, antes da iniciação está latente no homem, mas, depois dela, faz sentir sua vontade na mente do iniciado.

174. Conforme for a aspiração e perseverança do homem, alarga-se a área dessa auréola, porque, quanto mais se encher de átomos mentais puros, maior será seu resplendor.

Quando o átomo do Espírito Santo se converte em mestre do homem, envia sobre ele a iluminação, ou, como diz a religião, desce sobre o iniciado e este se converte em adepto, em luz do mundo; mas deve estar preparado para a crucificação. Assim, quando desceu sobre Jesus, começou este sua missão e ao mesmo tempo se preparava para a morte.

175. O Adepto sentirá nesse estado que seu cérebro é um espelho que repete os sete sistemas solares e que nele tem sete estações emissoras e receptoras para comunicar-se com os sete sistemas planetários por meio dos seus sete centros magnéticos.

O pensamento é como foco de luz, ilumina seu interior como seu exterior ao mesmo tempo. É também alimento para a aura mental como o alimento físico o é do corpo. O alimento do físico tem papel importante nessa aura. Todos os santos jejuavam para diminuir os átomos densos no corpo, motivo pelo qual se estimulava a mente.

176. O homem casto lega a seus filhos um átomo de Espírito Santo muito forte e robusto, ao passo que o luxurioso seminiza sua energia cerebral e nunca pode ter pensamento forte nem superar em seu meio.

177. Ao despertar, o átomo do Espírito Santo envia sua iluminação em forma de línguas de fogo sobre as doze faculdades da alma, que simbolizam os doze discípulos de Cristo. Nesse estado, o adepto pode livrar-se do demônio, desintegrando-o para sempre.

178. A aspiração passiva, mística, pode dar-nos a iluminação quando estiver acompanhada pelo pensamento de devoção; mas, se a acompanhar o pensamento de ódio, coloca-nos em mãos do demônio e forma de nós adeptos satânicos ou magos negros, ilustrando-nos na sabedoria de nosso passado inferior involucionado.

A respiração negativa é chamada lunar porque nos traz da Lua certos átomos que, sendo muitos, perturbam nossa energia solar na mente e diz-se então que o homem é lunático; mas, para uma mente sã, esses átomos são a inspiração dos poetas, artistas e inventores.

179. A maioria dos enfermos morre à noite porque a Terra é como o corpo humano: perde a energia solar positiva quando domina a energia lunar; por isso, aconselha-se dormir à noite sobre o lado esquerdo para que a narina direita se abra e aproveite o resto da energia solar durante o sono.

180. Quanto mais aspiramos e respiramos, mais purificamos nossa aura mental que é o trono do mestre.

Então podemos dedicar-nos a libertar o EU SOU da prisão que havíamos mentalmente construído ao redor d'Ele. Quanto maior a área mental, mais se unem e interfundem os dois hemisférios do cérebro e chega um momento em que se convertem em unidade. Assim, desvanece-se nossa natureza inferior porque já não recebe alimento da mente e esta pode unir-se à envoltura que rodeia todo o corpo para eliminar a zizânia ou imundícies que se encontram na sua parte inferior. A devoção e a concentração são os melhores depuradores dessas escórias.

181. Pelo sistema simpático pode o homem ser iniciado nas iniciações passadas, pode compreender o *Gênese* e os livros sagrados de todas as religiões com seus respectivos símbolos. Porém, logo que entre pela porta do Éden, será iniciado na quarta niciação futura, ou estado a que um dia chegará.

O Eu superior é o iniciador na iniciação passada. O átomo *nous* é a miniatura do homem perfeito; quem chegou à estatura de Cristo, como diz Paulo, será o iniciador na quarta iniciação futura.

182. Os símbolos das iniciações passadas, encontramo-los em todas as religiões. A Maçonaria tem grande parte deles, ao passo que os do futuro se acham no *Apocalipse* de são João. Aquele que concentra a mente nos símbolos passados, recebe do Eu superior uma iluminação que decifra todos os mistérios menores encerrados em seu sistema simpático, que são reflexos de inteligências das esferas passadas, porque todos esses símbolos estão escritos nesse sistema. No sistema nervoso estão escritos os do futuro dos quais fala o *Apocalipse*.

183. O Eu superior inicia o homem nas iniciações menores, nas etapas do mundo mental concreto; depois, em todas as do desejo e logo nas do anímico. O Eu superior ensina-lhe como evitar os perigos de todos eles porque, na parte inferior de cada mundo, há etapas terríveis e espantosas.

184. Começando pelo plano mental, que é o que se segue ao do desejo, este não está separado daquele senão pela atmosfera diferente de vibrações, do mesmo modo que o corpo de desejos do plano físico. O átomo mais sutil da matéria astral contém uma envoltura de matéria mental densa. O mundo mental não funciona por meio do cérebro, mas em seu próprio mundo, liberto das ligaduras do espírito-matéria físico. O cérebro não é a mente, mas é o instrumento da mente, que transmite os átomos construídos por ela ao sistema nervoso. O mundo mental está dividido em duas seções: superior e inferior. O primeiro é abstrato, o segundo concreto e objetivo. Nessas duas grandes divisões vivem átomos inteligentes inúmeros, seres que guiam o processo da ordem natural e dirigem as legiões que se acham em ambas as divisões.

185. No plano inferior do mental residem átomos inteligentes que vibram de modo rápido, porém, sempre atuados pelas vibrações do desejo, de tal maneira que podem servir para harmonia ou desarmonia do universo.

Nesse plano inferior reside o amor, como veremos mais tarde; porém, o amor pode ser egoísta, pessoal, e pode ser altruísta, impessoal, previamente concebido. O mago negro pode utilizar essas inteligências por seu amor ao mal; ao passo que o mago branco as utiliza por seu amor ao bem.

186. Mago é aquele ser que atua diretamente na esfera mental dos seus semelhantes. Se lhes sugere bons pensamentos, ideias nobres que os possam ajudar e confortar, chama-se-lhe mago branco porque toma energia a seus átomos de luz e a transmite a seu próximo. Seu maior privilégio e mais intenso gozo consiste em ajudar seus irmãos em luta, sem que saibam de seus serviços, nem tenham a menor ideia do poderoso braço que lhes aligeira a cruz. Não o veem, não o conhecem. Amigos e inimigos recebem por igual seus benefícios, que ele atrai das esferas superiores para derramar a mãos-cheias, sem esperar recompensa. O mago negro sente prazer em causar dano a seus semelhantes, ama o mal pelo mal, mais ainda que seu proveito pessoal.

187. O iniciado tem de baixar ao mundo do desejo inferior onde domina o demônio por meio da natureza, ou eu inferior, cujas vibrações são muito densas. Os átomos desse mundo são criados pelos maus instintos e baixos desejos que residem no ventre e baixo-ventre. Toda vez que o homem quer se encontrar em algo superior, o demônio ou inimigo oculto envia-lhes esses átomos, como exército inimigo para obstruir o caminho que leva ao superior, e tratam de convencer a mente da inutilidade de combater suas influências. Fazem todo esforço para o homem captar a sua causa e satisfazer seus desejos. Nesse estado de caos, o Eu superior envia seu mensageiro, anjo da guarda ou protetor secreto, e fala-lhe do coração para fortificá-lo e ajudá-lo na senda e prosseguir avante. Se o homem ouve a voz interior, seu mestre, no cérebro, lhe dá as indicações para ajudar e salvar das garras do demônio pelos pensamentos, aqueles átomos e ao mesmo tempo, para salvar aquelas almas recentemente desencarnadas, presas nas etapas inferiores do mundo dos desejos. O pensamento é como corrente de luz que rasga as trevas dos mundos inferiores e ilumina seus habitantes.

188. O mental inferior excita o desejo que nele dorme e este estimula o corpo físico. Por isso, o homem pouco evolucionado busca os prazeres e torna-se, dia a dia, um bruto mais perigoso que o próprio animal, até que o mesmo prazer provoque nele a dor e a dor lhe infunda imagens mais fortes que as do prazer; então, começa a usar e empregar sua vontade que atrai do mundo mental superior auxílio para vencer as tentações. Assim, o homem escravo de suas paixões torna-se homem de vontade para aperfeiçoar sua natureza inferior.

189. O homem superior, pelo domínio de sua vontade sobre a natureza animal e pelo pouco uso de suas paixões, absorve a energia dos átomos superiores e emprega-a em todas as suas empresas; então, os inferiores se desintegram uma vez abandonados pela energia mental que lhes dava vida e uso.

Cada tentação dá a esses átomos vida nova. Porém, tirando-se-lhes essa vida, voltando-se o pensamento para cima ou levando a mente a praticar alguma coisa boa, esses átomos caem como cadáveres e são expulsos com seu material velho.

O triunfo sobre eles depende do primeiro esforço e a repetição do ato determina o caráter. O homem de caráter torna-se potencialmente espiritual porque eliminou do corpo mental todo desejo denso e grosseiro e todo o animal de seus sentidos, os quais não podem responder simpaticamente às vibrações inferiores. Esse é o objetivo da iniciação, quer antiga quer moderna. Em tal estado o pensamento se reveste de átomos diáfanos com os quais pode descer, à vontade e sem nenhum perigo, às regiões do inferno em seu corpo como também às profundezas do mar.

190. O leitor deve compreender aqui um ponto muito essencial: quando o homem ascende ou desce uma etapa dos mundos mental e de desejo, os quais se encontram em seu próprio corpo, ele se põe realmente em comunicação com os seres e almas humanas que habitam esses mundos.

No mundo físico, acha-se em comunicação com todos os homens e com todas as etapas sociais. Assim também, quando se inicia internamente, tem de comunicar-se com aquelas almas desencarnadas, cujos desejos e pensamentos as encadeiam em todas as etapas do mundo mental. Essa advertência nos ensina que os mundos internos são diferenciados pela qualidade das vibrações e não jazem, como supõe o intelecto, em cima ou embaixo.

Quando dizemos que o homem baixa ao mundo inferior, devemos compreender que o pensamento diminui a rapidez da vibração, e quando ascende, acelera essa mesma vibração.

191. A primeira divisão do mundo mental inferior comunica-se com a sétima superior do mundo astral ou do desejo, porque há semelhança nas vibrações de ambos. O mestre interno no homem não permite a este que baixe diretamente ao mais inferior desse mundo e tem que começar pela sétima etapa cujas vibrações são mais elevadas que as demais inferiores.

A sétima etapa ou subdivisão superior do mundo de desejos está dentro e fora do corpo humano e está ocupada pelos átomos; rimo-nos ao que respeita o interior do corpo; mas na parte que se acha fora do corpo, encontramos as almas desencarnadas que viveram essa intelectualidade tendo por objetivo o proveito pessoal.

Achamos também átomos e almas que trabalharam na formação dos povos, fizeram de cada país uma pátria e instituíram o princípio da fraternidade entre os homens, espezinhando o princípio da fraternidade e igualdade. Esses átomos e almas vivificadas pelo pensamento formam os políticos e homens de estado no mundo atual, que trabalham em proveito próprio ocultando-se sob o escudo da palavra pátria.

192. Na sexta etapa, encontramos átomos e almas intelectuais e artísticas que prostituíram o talento para gozo pessoal em proveito da natureza sensível. Também encontramos os devotos que desejam a salvação própria, pouco se lhes dando a dos demais. É a devoção egoísta que pretende, se possível, monopolizar o céu para si.

193. Também na quinta etapa de vibração se encontram os átomos e almas devotas que pedem recompensa material por sua devoção ou um céu o mais material possível. Aí estão os seres que prostituíram a religião para obter proveito e domínio sobre os demais em vez de trabalharem pelo bem-estar humano, desinteressadamente.

Há também átomos e almas filantrópicos que fundaram asilos, igrejas para os sectários de uma religião, excluindo os fiéis de outras religiões. Essas almas, na parte externa, influem nos átomos internos do corpo que têm as mesmas ideias para converter o homem em médium e fazer conferências ou dar explicações religiosas.

194. Na quarta, veem-se átomos e almas daqueles seres que buscam sempre adiantamento material e têm apego aos bens deste mundo físico. São os adoradores do ouro e do lucro.

195. Na terceira, residem os avaros e todos os que buscam proveitos à custa de alheios sofrimentos. Para eles tudo é lícito, contanto que ganhem a partida.

196. Jazem na segunda aqueles átomos e almas luxuriosos e libertinos que vivem interessados nas atividades da vida, sujeitos a satisfazer sempre qualquer desejo animal e inferior. Estão queimando sempre no fogo de seus apetites e gozos físicos. Esses átomos e almas vivem sempre descontentes, ambiciosos e inquietos. Padecem de todos os sofrimentos segundo a intensidade dos seus desejos.

Aqueles que estão dominados por esses átomos são charlatões, vãos, sobretudo os do elemento feminino. Esses gozos deixam o homem com escassa inteligência. Em seus sonhos são sempre molestados por visões eróticas, porque nunca sentiram o verdadeiro amor impessoal. Seus átomos sempre lhes inspiram moléstia, depressão, desgosto etc.

197. A primeira divisão é a mais terrível e horrorosa. É o verdadeiro inferno no homem e fora dele. Aqui residem os átomos e almas de vís desejos e instintos que eles formaram e criaram para, no futuro, os aprisionarem nessa etapa de vibrações muito densas. É muito difícil eliminar esses germes, porque já são parte do próprio caráter e natureza. Esses átomos têm a mesma atmosfera do demônio que vive no meio deles. Todos os horrores da vida se encontram ali em toda sua espantosa realidade. Esses átomos são formados pelos apetites bestiais que temos trazido e alimentado desde tempo imemorial; dão à fisionomia uma forma semianimal. Os iniciados que baixam a essa etapa descrevem esses átomos e almas de maneira espantosa, que ao leitor parece incrível.

Aí estão os átomos e almas criminosos, assassinos, bêbados, ateus, suicidas que tiveram medo da vida.

Acendem o fogo das paixões brutas e os apetites ferozes de vingança e ódio, modelam até a fisionomia segundo os desejos animais e estão esperando o momento de obsessionar o homem e levá-lo a excessos.

198. O objetivo da iniciação é limpar o corpo físico de todos esses átomos, ensinando-lhes a aspirar à pureza e harmonia com o infinito; porque, já o repetimos várias vezes, o homem aspira e respira átomos semelhantes aos seus desejos e pensamentos. Também se disse que, depois da morte, leva consigo suas aspirações e obras, de modo que esses átomos que atormentam o homem durante a vida são os mesmos que o atormentam depois de morto, no mundo inferior do desejo, simbolizado pelo inferno em todas as religiões. O homem dominado por tais desejos baixos vive sempre atormentado, medroso e deprimido nessa etapa que criou e encheu de inteligências que o fazem sofrer em vida e depois da morte.

199. O corpo de desejos ou mundo astral está no ventre e no baixo-ventre e comunica-se com o sistema simpático.
Falemos agora do mundo mental, que reside no sistema nervoso e se comunica com a cabeça.

200. Na primeira etapa do mundo mental, começando de baixo para cima, estão os átomos e almas que irradiam amor paterno, materno e fraterno e de amizade desinteressada. Também se acham os que anelam por imitar um ser perfeito e desejam levar vida mais elevada, porém lhes falta a firme resolução de cumprir seus desejos, embora anseiem por iniciar a Obra.

201. Na terceira se acham os átomos e as almas sinceras e nobres que consagram seus serviços à humanidade. Como têm muita sabedoria, melhoram sempre o estado do mundo. Ensinam e inspiram ao homem projetos filantrópicos e a concepção de um mundo de bondade. O ser desinteressado está impregnado desses átomos: realiza as obras mais gigantescas do mundo, sem pedir recompensa.

202. Na quarta residem as inteligências da arte e da ciência, que inspiram à mente humana a ideia do progresso espiritual às elevadas esferas. São elas as que derramam sua luz e inspiração sobre os gênios em matéria de arte; aos sábios levantam o véu da natureza. Esses seres têm a verdadeira inspiração, o dom da profecia e dos inventos. Nessa etapa recebe o homem a sabedoria celestial para decifrar os mistérios de todas as religiões, e torna-se instrutor dos homens. A mente pode comunicar-se com os mestres e reformadores que vieram ao mundo, pois que, nessa divisão, já pode falar com seu próprio mestre que reside na pineal e essa se converteu em trono do Espírito Santo.

203. Há homens de uma evolução mais adiantada: os que se emanciparam da escravidão da carne e das paixões. Seus átomos residem na quinta etapa do mundo mental.

Nessa etapa, o homem e a alma sentem a vida real e a existência sublime da alma.

Aqui a pessoa obtém verdadeira paz porque descobre sua senda individual, pode ir adiante e retroceder à vontade na imensidão da natureza, descobrindo e conhecendo as operações imutáveis sob os mais diversos fenômenos. Sentirá a existência da alma sem necessidade de raciocínio.

Instintivamente revista seus próprios feitos do passado, seus frutos no presente e suas consequências no futuro.

204. À sexta vão os átomos e as almas dos seres que experimentam débil apego às coisas temporais e se dedicaram à vida superior: intelectual e moral. Seus átomos as ajudam a trabalhar pelo bem, depurando de seus veículos inferiores restos de males incompatíveis com sua natureza íntima que o ser sente em si e, adquirindo certas virtudes, respondem às exigências irresistíveis da voz interior. Aqui sente o homem a inteligência divina em suas atividades criadoras, estuda a evolução de todos os seres e resolve seus problemas, porque nessa etapa cada fenômeno tem seu justo valor e todos os mistérios de Deus deixam de ser mistérios. Todo o insondável será resolvido pela intuição que rasga o véu da lei de causa e efeito.

Nessa etapa a alma goza com a comunhão de outras grandes almas, que cumpriram sua evolução terrestre, vibram em harmonia com elas, e assemelham-se pouco a pouco a elas.

205. Na sétima e última etapa estão os átomos e as almas de seres completamente evoluídos. É a porta que conduz à vida eterna. Os átomos dessa divisão são a fonte do saber e da moral, que derramam sua sublime energia pelo corpo. Daí provém a inspiração do gênio. Nessa etapa vivem os iniciados, com ou sem corpos ou veículos inferiores. Estão em contato permanente com a vontade do Íntimo. Já não podem sentir a separatividade, embora não tenham ainda chegado a mestres.

206. Muitos perguntam: "Qual o objetivo do iniciado ao penetrar em seu próprio corpo e conseguir o caminho para o mundo interno por meio da iniciação?".

Quando o homem, por meio da iniciação, perde o apego às coisas materiais por sua aspiração ao superior, perde também todo temor da morte e a qualquer desgraça ilusória. Então, tem de penetrar em seu mundo interno para enfrentar os átomos animais e demoníacos que consigo traz há centenas de vidas. Depois tem de desintegrá-los e fazê-los desaparecer do seu corpo para que este seja um verdadeiro templo do EU SOU.

Para isso é necessário arrostar o fantasma do umbral, aquela entidade tenebrosa formada pelos fatos passados do homem. É necessário descer ao inferno para sentir o sofrimento que aos demais causou e desarraigar a árvore do mal que em sua natureza plantou desde o começo.

207. No inferno podemos perceber a lei de causa e efeito que ensina que toda dor infligida aos demais tem de ser sofrida pelo causador. Ao chegar a este mundo, tem ele de identificar-se com os seus habitantes sofrendo as consequências de seus atos.

Esse é o significado do enterro na iniciação egípcia, isto é, o descenso às profundezas do eu inferior.

O tormento é tremendo; porém, o iniciado está sempre vigiado e auxiliado por seu mestre interno, embora não o saiba.

Basta que o iniciado invoque a consciência divina para que o mestre apareça em seu auxílio e sua elevação.

208. Os magos negros utilizam os átomos dessas etapas inferiores e os projetam sobre determinadas pessoas para influenciar e dominar o mundo com a arma do mal. Quando o iniciado a eles desce, tratam de convencê-lo da inutilidade de sua tentativa; oferecem-lhe proveito pessoal se a eles se unir filiando-se ao exército do demônio; porém o mestre interno jamais o abandona. Uma vez triunfante dessas tentações, invade-lhe o sentimento do amor impessoal e sede de justiça de que fala Jesus em sua quarta bem-aventurança e converte-se na própria lei, que não é nem o bem nem o mal.

Se não baixar a essas regiões, jamais poderá sentir a dor por ele causada aos demais, nem poderá, em consciência, reparar o dano feito, embora de modo inconsciente. Porém, o iniciado tem de fazer isso em vida e não esperar nunca a morte para a reparação. Após a morte, há de esperar muito tempo para resgatar o dano; mas depois da iniciação pode o homem começar imediatamente.

209. No inferno, encontram-se muitas almas e átomos desesperados de cujo desespero fomos nós a causa. Criamos este inferno e nele colocamos essas inteligências e essas almas. Neles influenciamos direta ou indiretamente com os nossos pensamentos e desejos.

O único meio de libertá-los consiste em desintegrar esse inferno. Muitas lutas tem de travar o iniciado com os habitantes dessa região. Só o amor desinteressado e impessoal é a arma que pode triunfar nessas guerras. Ao sentir os sofrimentos por ele causados quando criou átomos que dominam seus irmãos pela força do mal, começa nele outra vida, cujo objetivo é reparar o dano e salvar o mundo.

210. Os seres superiores permitem, nessa região, que o mal se divida entre si e a luta se trave entre as duas partes. Essas lutas comunicam-se e contagiam as nações no mundo físico, contaminadas com a força do mal, para que declarem guerras entre si até que as partes se debilitam e deixam passo ao surto de nova raça mais pura, que possui melhores sentimentos de fraternidade e igualdade. Aí aprende o iniciado como combater o mal com o bem, a defender-se e a defender a humanidade. Por isso vemos que cada instrumento inventado para destruição é combatido por outro que anula seus efeitos.

No inferno, tem de estudar todos os males para saber como anulá-los no futuro, quando chegar a salvador da humanidade. Ao apoderar-se dos conhecimentos que possuem as entidades inferiores, busca o meio de obtê-los em serviço do EU SOU, depurando-os e desintegrando o inferno do seu corpo.

211. Muitos seres e almas vivem nessas regiões inferiores e sofrem o indizível. Quando um iniciado baixa até o mundo inferior de seu corpo, põe-se em contato com eles, porque já se disse que no baixo-ventre há vibrações muito densas e essas densidades de vibrações são as que comunicam o homem com o inferno onde residem as almas e os átomos.

O inferno está dentro e fora do homem, e a relação que se encontra dentro da parte externa e a interna é a densidade.

Quando o iniciado desce a esses infernos, todos os habitantes clamam por ele com toda a veemência para que os salve de seus tormentos. Ele tem de acudir a seus chamados vencendo todo obstáculo e lutando contra as entidades malignas que querem impedir a salvação desses seres e almas.

212. Nas etapas inferiores dos mundos dos desejos, encontram-se aqueles átomos criminosos que se apoderaram da mente do homem que vive em vigília e em sonhos reconstruindo seus crimes.

213. O iniciado espiritualista sente, nesse estado, que tem uma aura em redor impenetrável, defensora sua de todo mal emanado dessas entidades demoníacas e, por mais que tratem de nele penetrar, chocam-se contra sua aura e retrocedem qual pedra atirada contra um muro de aço.

A iniciação interna torna o ser invulnerável, física, mental e espiritualmente.

214. Na iniciação interna pode o homem receber comunicações dos seres que atravessaram antes a mesma senda, sobre a maneira de proceder para acelerar a evolução.

215. As forças do mal não se aquietam nem se conformam com a derrota; por sua vez, tratam de inspirar a outros seres a execução de seus planos. Sempre escolhem por presa os literatos e artistas de índole baixa e corrupta e estampam em sua obra os átomos do mal. Esses átomos impregnam a mente humana e tratam de arrastá-la ao crime. Tem-se ouvido muito de leitores que, após haverem lido a obra de um autor, hajam tentado suicidar-se ou se tenham suicidado. A natureza inferior do leitor absorve os átomos depositados pelo autor em suas obras e esses produzem-lhe na mente certas vibrações semelhantes às depositadas pelo demônio na mente do autor. Essas lhe tiram o contato com o EU SOU e cerram-lhe o ouvido interno à voz da consciência.

216. Muitos são os fins da descida em vida aos infernos por meio da iniciação interna; porém, o maior é o seguinte: quem chega durante a vida até essa esfera, não sofrerá dano na segunda morte que está anunciada no *Apocalipse*, que é a morte astral, porque a mente, ao aprender a atravessar essas regiões uma vez, não pode ficar aprisionada nelas depois da morte do corpo. A alma poderá passar facilmente ao mundo mental e o iniciado converte-se em salvador, auxilia os recentemente mortos em suas viagens mentais, ajudando-os a atravessar as etapas inferiores, ensinando-lhes como devem abandoná-las e despertando neles a aspiração para que se elevem a mundos superiores.

217. Com a prática do método Ioga e com a observação do Sermão da Montanha, o iniciado se torna herói a quem nada amedronta no cumprimento do dever. Seu amor impessoal é a melhor armadura e defesa na descida ao mundo infernal. Nem o terror do umbral, nem o demônio interno podem infundir-lhe medo em sua obra de salvação, porque por onde passa ele emana amor e o mesmo amor lhe abre o caminho, colocando em sua senda sentinelas ou anjos de luz que o acompanham em sua descida e ascensão.

O que ama nada teme. O iniciado chega a amar a morte, e quem ama a morte ama o maior inimigo. Com o amor ao inimigo desaparece o motivo do temor e a descida ao inferno será muito fácil porque o inferno não é mais que o estado desprovido de amor.

218. No sistema simpático e no sistema nervoso há muitíssimas coisas que aprender. Não se pode dizer quanto tempo necessita passar o iniciado em estudo e prática nesses mundos. Tudo depende de sua perseverante prática e despertar os átomos adormecidos no próprio corpo; porém, uma vez despertados pela aspiração, respiração e concentração, pode o iniciado desintegrar a besta, a serpente e o demônio que nele se encontram.

Desde esses momentos principia o trabalho árduo para chegar a mestre. Deve explorar as regiões do seu corpo, vitalizá-las com seus respectivos habitantes para chegar à estatura de Cristo.

Deve descobrir por si mesmo a iluminação. Tem de dirigir tudo o que nele se encontra e descobrir as grandes correntes de inteligências que trabalham pela construção do corpo. Essas inteligências trabalharam no passado e trabalharão no futuro até que o corpo se converta em Jerusalém, a cidade santa, simbolizada no *Apocalipse*. Tem de penetrar na imensidade do passado e estudar a imensidade do futuro.

219. Com a aspiração fervorosa, o homem atrai o material adequado e necessário para a realização do objetivo desejado. Com a respiração harmônica e regularizadora, esse material entra no corpo e com a concentração dirige o sangue, veículo do EU SOU, à parte desejada do corpo, levando consigo os átomos aspirados como um auxílio triunfante para derrotar e desintegrar os átomos do mal e abrir a senda da união.

Até aqui foi necessário ensinar ao profano que está fora do Templo, por meio da palavra, para que soubesse conduzir-se. Doravante será iniciado; deverá praticar, descobrir e sentir por si mesmo a fim de chegar a adepto. O profano é o homem antigo; o iniciado é o homem moderno, e adepto é o homem do futuro.

220. Perguntam muitos: "Será certo que o homem pode salvar seu mundo e salvar a humanidade?" A essa pergunta podemos responder: "O problema individual é o problema universal".

Tudo quanto ocorre e existe no mundo externo é expressão (de *ex*, fora, e *pressão*) de algum pensamento interno, criado e gerado, com anterioridade, por um indivíduo.

Se o indivíduo é desgraçado, todo mundo que o rodeia é desgraçado. É impossível separar o indivíduo do mundo porque ambos são *um*. Por isso, para salvar o mundo, tem-se de salvar primeiro o indivíduo. O universo é o conjunto manifestado de todas as emoções, pensamentos, desejos do indivíduo e dos indivíduos que constituem o mundo com suas nações, castas e países.

Um só homem pode dirigir os pensamentos de uma nação, suas emoções e desejos.

O homem de pensamento potencial pode contagiar, com a índole do seu pensamento, todo seu povo. Esta é a origem de todas as guerras e de misérias consequentes às guerras.

221. O iniciado interno deve ser soldado no exército do EU SOU, deve afrontar os fatos e dissolvê-los no silêncio, infundir nos demais elevadas aspirações, espiritualidade, fraternidade e boa vontade e todas as virtudes que pode conceber. Porém, se não possui essas virtudes nem as experimentou em si, como pode aliviar os demais?

A iniciação interna tem por objetivo a união com o íntimo e com todos os seres. Uma vez unido o iniciado a seu íntimo, irradia compaixão, misericórdia, caridade, fraternidade e todos os atributos da divindade. Então pode por meio do seu pensamento reger os impulsos gerados da fonte interna no silêncio e na impersonalidade.

222. O iniciado no mundo interior vê todos os problemas do mundo externo surgidos no mundo subjetivo, do qual pode trabalhar para resolvê-los aplicando as leis eternas e imutáveis descritas no método ioga e no *Sermão da Montanha*.

Dessa maneira, o iniciado gera o fluxo de sua aspiração e de seus pensamentos e infunde-os em si próprio e na humanidade. Esse fluxo organizará a sociedade futura, na qual o espírito de Cristo se expressará pelo coração de todos os indivíduos e viverão as nações como uma só família de um só Pai.

O corpo físico composto de carne, nervos e vasos não é o verdadeiro homem. O verdadeiro ser do homem é EU SOU que se expressa por meio do espírito, da alma e do corpo físico, como expressa o escritor suas ideias por meio do papel, tinta e pena.

223. A mente, instrumento do espírito, atua por meio da alma e seu instrumento — coro de desejos ou astral — no corpo físico e este manifesta a vontade interna.

Segundo a evolução da mente, a robustez do corpo de desejos e a saúde do corpo físico, assim será igualmente poderosa a atuação do SER INTERNO. O HOMEM-DEUS se manifesta por meio desta TRINDADE: corpo, alma e espírito.

224. Estes três aspectos na vida física estão em mútua dependência; se se altera um deles, a alteração repercute nos outros dois e EU SOU deixa de expressar "Sua vontade assim na terra como no céu". Desta maneira vemos que as enfermidades do corpo tornam o enfermo de mau humor, iracundo: tiram-lhe o desejo de trabalhar; perturbam-lhe a mente e a alma e o enchem de pessimismo.

225. O aspirante a super-homem deve conservar seu corpo físico são, limpo, robusto, nutrido e ágil. Deve saber que seu corpo não é máquina, mas uma unidade constituída por uma variedade de aparelhos que constam de órgãos formados de tecidos, compostos de células viventes.

Porém, para isso é obrigatório estudar o corpo e compreender, ainda que sumariamente, suas funções principais, para que cada estudante contraia o dever e a responsabilidade de tratar seu corpo físico com dignidade e conservá-lo como "TEMPLO DO ESPÍRITO".

11. O mestre perfeito deve estudar o corpo físico e a medicina universal

226. Ao estudar o corpo físico deve-se começar pelo aparelho digestivo e o mecanismo da digestão.

O tubo digestivo é o aparelho em que os alimentos se transformam de modo que possam passar ao sangue seus princípios nutritivos e eliminar os detritos e excessos da alimentação.

Este tubo começa pela boca — o ponto de entrada — e depois de adquirir várias formas durante o trajeto, termina no ânus — ponto de saída dos detritos.

227. A boca consta da língua, dos dentes e do paladar.

A língua está coberta de pápulas e botões como grãos vermelhos e são AS EXTREMIDADES DO NERVO GUSTATIVO QUE SAI DO CÉREBRO. Por meio deste nervo temos a sensação do gosto.

A ponta da língua é sensível para o doce, a base para o amargo e os lados para os ácidos.

A língua também é o órgão do verbo.

Os dentes são um total de 32 peças, achando-se em cada mandíbula dezesseis, a saber: quatro dentes incisivos; dois caninos; e dez molares (metade de cada lado).

Os incisivos servem para partir os alimentos; os caninos, para dilacerá-los; e os molares, para triturá-los.

O conjunto dessas três operações chama-se *mastigação*.

228. A mastigação é uma operação importantíssima que deve atrair a atenção de todo ser racional.

A civilização atual, com suas preocupações, obriga o homem a comer rapidamente, sem a mastigação suficiente, e por esse motivo vemos que raros são os que têm um aparelho digestivo são e perfeito.

A mastigação se faz com o auxílio da saliva.

A saliva é uma secreção das glândulas salivares que são seis: duas de cada lado do maxilar inferior, diante das orelhas, e duas debaixo da língua. A saliva é uma secreção alcalina, sem ácido; umedece o alimento para facilitar sua passagem ao estômago pelo esôfago e converte a fécula em açúcar.

Todo alimento que não está devidamente mastigado causa muitos transtornos ao aparelho digestivo e a todos os órgãos que trabalham para o mesmo fim.

229. DEVERES PARA COM O CORPO FÍSICO:

1. Ao despertar pela manhã é necessário lavar bem a boca.
2. Contemplar a língua ao espelho e dizer várias vezes: minha língua é o instrumento do VERBO CRIADOR. Hoje não julgarei nem criticarei ninguém. Hoje viverei falando bem de todo mundo e de todos os seres.
3. Deve tomar um copo de água quente em jejum, ou

água fria, aos goles. Isso é necessário para ajudar o estômago e os intestinos a digerir e esvaziar-se.

4. Ao comer, deve mastigar vagarosamente os alimentos. Se possível, "mastigar" até os líquidos. Cada bocado de alimento deve ser triturado com os dentes pelo menos sessenta vezes. Com esta regra se come muito menos e se alimenta o corpo muito melhor.

5. É necessário tomar muitos goles de água ao dia, em várias ocasiões. A cada hora um gole de 30 gramas mais ou menos. Isso é importantíssimo. É o melhor remédio para corrigir a prisão de ventre.

6. Evitar o excesso no comer e no beber. Comer para viver e não viver para comer, segundo o ditado.

7. Uma só refeição ao dia é suficiente para viver são. Podem-se consumir frutas em abundância em caso de fome nas horas de refeição.

12. O mestre perfeito deve estudar o corpo astral ou de desejos e a medicina universal

230. O corpo chamado corpo sidéreo, astral ou anímico é o corpo da alma. É um veículo não muito diferente do físico. Está rodeado de uma aura de cores brilhantes como os astros e por isso se chama mundo astral e corpo astral. É composto de matéria muito mais fina e sutil que a física.

É o veículo da alma por meio do qual o homem expressa seus sentimentos, desejos, paixões e emoções. Serve ainda como ponte de transmissão entre o cérebro físico e a mente, que é o instrumento do espírito, chamado corpo mental, veículo de ordem superior. O corpo astral ou corpo da alma é desconhecido pela maioria e, sem dúvida, é um veículo que tem vida própria e confere muitos poderes ao homem desenvolvido.

231. Durante o sono toda alma trabalha por meio de seu corpo chamado astral. Ainda que o cérebro físico seja inconsciente desse trabalho, as experiências realizadas durante o sono ficam gravadas na mente subconsciente.

Muitos sentimentos e emoções são gravados na subconsciência por intermédio do corpo astral e nenhum psicólogo, psiquiatra ou psicanalista pode chegar a aperfeiçoar seu método se não entende o mecanismo do corpo astral. Nem o espiritualista pode entender o mistério da vida e da morte se não tem noções claras sobre a alma e seu corpo sidéreo ou astral.

232. O mundo astral ou mundo da alma explica, como veremos adiante, a quarta dimensão, que é a incógnita da ciência atual enquanto que para o ocultista desenvolvido é uma realidade natural e sensível, pois para ele existem ainda mais dimensões. Por isso o aspirante deve estudar e aprofundar, se possível, seus conhecimentos sobre o mundo da alma, que é um vasto campo a exigir estudo amplo, por ser mais complexo que o mundo físico.

233. O estudo do corpo astral ou da alma projeta muita luz sobre grande número de fenômenos dos chamados ocultos e milagrosos, como aparições, fantasmas transparentes e movimentos espectrais nas sessões espíritas e congregações religiosas. Assim, também descobre os métodos físicos e não físicos de curar enfermidades.

O mundo astral é o INFERNO E PURGATÓRIO da Religião Católica, na qual passa a alma em seu caminho até chegar a SEU PRÓPRIO CÉU, como será explicado depois.

A matéria astral existe em sete graus de densidade, que correspondem aos sete graus da matéria física, como sólido, líquido, gasoso, etéreo etc. A matéria astral, por ser mais sutil que a física, interpenetra-a de maneira que cada átomo físico flutua num mar de matéria astral, como flutuam os seres terrestres num mar de ar e os marinhos, de água. Sabemos, segundo a ciência, que mesmo na substância mais dura não há dois átomos que se toquem.

O espaço entre dois átomos é muito maior que os mesmos átomos. O éter circula livremente entre as partículas da matéria mais densa. O corpo astral pode ocupar o mesmo espaço de um ser vivo no mundo físico, sem que tenham consciência da existência um do outro. É O MESMO QUE DIZER QUE A ALMA PODE OCUPAR E OCUPA O CORPO FÍSICO SEM QUE ESTE POSSA SENTIR SUA EXISTÊNCIA.

Há razão para crer que os elétrons são átomos astrais. A física declara que um átomo químico de hidrogênio contém provavelmente entre setecentos a oitocentos elétrons. A vidência ocultista afirma que o átomo químico do hidrogênio contém 882 átomos astrais. Coincidência? Probabilidade?

234. Os átomos físicos ultérrimos são masculinos e femininos. Nos masculinos a força flui do mundo astral e vai até o físico; nos femininos, a força vem do mundo físico e desaparece no mundo astral. É a diferença de polos entre o homem e a mulher.

A matéria astral corresponde com exatidão à matéria física. O corpo físico tem sua contraparte completa e perfeita no corpo da alma. Em tamanho, se estende em todas as direções até trinta centímetros do físico.

Numa pessoa desenvolvida o corpo astral é muito

maior; nos super-homens ou mestres pode abarcar uma vasta área por seu brilho, cor e vibração. A parte do corpo astral que se estende mais além do corpo físico chama-se aura. As qualidades e vícios são visíveis nessa aura.

Todo objeto físico possui matéria astral, porque tudo É VIDA (ânimo ou alma). Cada objeto tem sua contraparte astral. Todas as coisas são vistas rodeadas de uma aura luminosa.

235. Ao amputar um membro do corpo, não se amputa o corpo astral com o membro; por esse motivo persistem as dores depois de cortado o membro. Os médicos, sem se aprofundarem no assunto, falam e atribuem o fenômeno ao subconsciente. Que é subconsciente?

O corpo astral da terra e os corpos astrais de outros planetas formam coletivamente o corpo astral do VERBO por quem foi feito tudo o que há feito. O corpo astral tem sob seu domínio a INSPIRAÇÃO E A EXPIRAÇÃO e o pulsar do coração. Como tudo é vida, desde o átomo até o sol, os efeitos que se produzem em cima se produzem também embaixo. "Como é em cima é embaixo e como é embaixo é em cima." E assim vemos que certas trocas afetam as emoções, a mente ou a ambos e se chamam tônica, raio ou cor.

O mundo astral se compõe de 49 estados de vibrações, de maneira que um ser de tipo de vibração (A) influi a todos os que vibram nessa tônica ou raio e, por tal motivo, atribuem aos mestres raios diferentes segundo suas vibrações e as direções que tomam seus trabalhos no mundo.

236. O corpo astral se alimenta e se gasta com o corpo físico. O ALIMENTO DO CORPO ASTRAL É A RESPIRAÇÃO. Com esse fenômeno ou alimento se refazem as partículas gastas e perdidas.

O homem pode viver sem alimento físico mais de quarenta dias, porém sem alimento astral ou sem respiração não pode viver cinco minutos.

Disso se deduz a obrigação do aspirante para com seu corpo de desejos ou alma. Igualmente, a vida do corpo físico não suporta a falta de respiração, por meio da qual os glóbulos vermelhos se descarregam do gás carbônico e recebem o oxigênio. Assim como ao corpo físico é necessário proporcionar bons alimentos, sãos e nutritivos, ao corpo astral é necessário dar seu alimento que é o ar, o alento divino QUE FOI SOPRADO EM SUAS NARINAS E POR ELE O HOMEM SE FEZ ALMA VIVENTE. Em tempo oportuno será analisado esse fenômeno.

237. DEVERES PERMANENTES PARA COM O CORPO DA ALMA, CHAMADO ASTRAL

a) O corpo astral da alma é o corpo dos desejos. São Paulo disse: "Tudo me é permitido, porém nem tudo me convém". Dessa maneira o aspirante, antes de tudo, deve vigiar seus desejos porque estes, revestidos com a matéria astral e vivificados com o pensamento, se convertem em entidades boas ou más que o cercam durante a sua vida para se converterem em seus anjos ou demônios depois de sua morte. Não se deve matar o desejo, mas sublimá-lo, porque sem desejos não há iniciativas.

Depois pormenorizaremos o estudo sobre os desejos e seus fenômenos no mundo físico.

O corpo astral é uma ponte entre o espírito e o corpo físico.

b) O melhor alimento para o corpo astral consiste na boa respiração. O primeiro exercício respiratório é o exercício equilibrador energético e pratica-se da maneira seguinte:

De pé, ereto o corpo, olhando para o oriente; a boca fechada e a língua comprimindo a abóbada palatina (céu da boca); colocar a mão esquerda na costela falsa esquerda; cruzar o polegar sobre o indicador da mão direita e com o dedo médio tapar a narina direita e aspirar lentamente pela narina esquerda até encher os pulmões, durante oito segundos ou oito palpitações do próprio coração. Reter o ar nos pulmões durante quatro palpitações. Logo tapar a narina esquerda com o mesmo dedo e exalar pela direita o ar retido durante oito palpitações. Reter os pulmões vazios durante quatro palpitações.

Novamente aspirar, porém esta vez pela narina direita, enquanto se mantém fechada a esquerda com o mesmo dedo e o mesmo ritmo.

Segue-se fazendo o mesmo, alternando o fluxo em cada fossa nasal, sempre respirando por uma e expirando pela oposta, empregando o ritmo e medida segundo o indicado.

O exercício será, primeiramente em jejum, 21 vezes; antes do almoço e antes de dormir TODOS OS DIAS.

c) Visualizar que pela narina direita entra a energia positiva como fogo e luz, e pela esquerda, a energia lunar passiva como magnetismo elétrico que equilibra o excesso.

d) Durante os exercícios se deve ter a mente tranquila de toda apreensão e preocupação, "porque o homem aspira os átomos afins aos seus pensamentos". (TENHA-SE SEMPRE EM CONTA ESSA LEI).

e) Depois de terminar o exercício revigorante, pratique-se sempre o seguinte, por SETE VEZES:

> De pé, frente para o Oriente, em atitude ou pose militar, aspirar pelas duas narinas lentamente, durante oito palpitações. Reter durante quatro. Expirar durante oito.
>
> Reter os pulmões vazios durante oito palpitações. Pensar que O DIVINO ALENTO (chamado *prana* em sânscrito) entra no corpo por meio da respiração e está vitalizando todas as células do organismo.

13. O mestre perfeito deve estudar o corpo mental e a medicina universal

238. O corpo mental é o veículo do espírito.

O mundo mental, também como o físico e o astral, tem sete etapas vibratórias. Mentalmente vemos apenas as imagens dos objetos; assim como o espelho parece conter os objetos dentro de si, assim é o reflexo dos objetos sobre a mente. Sem dúvida, ainda que a imaginação faça a reprodução do objeto, é o conhecimento em espírito que assume a forma por meio da matéria mental.

239. A mente é trina: subconsciente é a parte que é influenciada por cada unidade separada da consciência, como o homem que coloca ante seus olhos uma lente de cor.

"A mente é a criadora da ilusão", diz o livro dos *Preceitos de ouro*. "A mente consciente é a parte da mente humana que estuda as coisas tal como são em seu aspecto fenomenal, por suas vibrações, e o resultado de seus estudos chama-se CIÊNCIA".

240. O SUPERCONSCIENTE é a terceira parte, aquela que sabe sem pensar e afirma sem duvidar.

A humanidade atual trabalha com as duas primeiras

partes, e muito raros são os que sentem e vivem a SUPER-CONSCIÊNCIA DIVINA.

241. O corpo mental afeta o astral durante a consciência de vigília, por duas razões:

1ª A matéria inferior mental concreta está vinculada ao astral, e assim a maioria ao sentir, pensa, e ao pensar, sente.
2ª Domina-se o corpo astral por meio da mente; assim vemos que todo impulso da mente ao ser enviado ao corpo físico há de passar pelo corpo astral e produz efeito sobre este.

A mente desenvolvida domina o corpo físico.
Em nossos dias um ser culto governa seus desejos por meio da razão, isto é, do mental superior ao astral inferior.

242. A mente altera o astral e o físico: uma contrariedade, um desgosto, uma tristeza, uma paixão, ciúmes, inveja, ira etc. afetam o coração, o fígado, a cabeça, os pés e mãos; tiram a vontade de comer, sobrevém o ataque de bílis e ainda há sérios riscos de se morrer por apoplexia ou por colapso.
O mesmo efeito pode produzir a alegria repentina, e assim vemos a influência recíproca entre o corpo e a mente; a mente e a alma ou em outros termos, o corpo físico com o astral e o mental.

243. O corpo é uma unidade composta de vários aparelhos ou sistemas que, por sua vez, constam de órgãos formados de tecidos compostos de células vivas que recebem influência do espírito por meio da mente, cuja ação incessante determina o funcionamento do organismo total.

Se cada órgão, estômago, intestinos, fígado, rins etc., cumpre suas funções fisiológicas, é pela atividade destes seres viventes chamados células, que trabalham dia e noite, como as abelhas trabalham nas colmeias.

As células não fazem todas o mesmo trabalho; contudo o trabalho de cada célula está intimamente ligado ao trabalho de todas as demais, do que se deduz que todos os órgãos e funções do corpo estão relacionados entre si, e por isso quando um órgão adoece todos os demais órgãos e funções se ressentem da dor. O trabalho das células de cada órgão é regido por um ou vários nervos e esses nervos têm por origem comum o CÉREBRO, tal como um centro de telefones que distribui por meio do sistema nervoso central ou espinhal todas as ordens a todas as regiões do corpo. De ambos os lados da medula espinhal estão os nervos que se distribuem por todo o corpo e conduzem a energia vital recebida do sangue, que por sua vez recebeu dos alimentos, do ar pela respiração e dos pensamentos. Os dois primeiros alimentos nos vêm do ar e do sol, e o terceiro, do nosso mundo interno, chamado mundo da mente.

244. O cérebro é o órgão da mente, isto é, o instrumento por meio do qual o espírito, o EGO SUPERIOR humano, se relaciona com a alma e o corpo físico e com os objetos do mundo externo.

Por meio do cérebro, o espírito expressa sua ENERGIA MENTAL, que lhe é peculiar e que não procede do SOL, senão que dimana por natureza do mesmo espírito que é como primeiro princípio diferenciado de EU SOU, O DEUS INTERNO. Não há parte alguma do corpo sem seus correspondentes nervosos (exceto os cabelos, unhas e epiderme) e todos derivam do cérebro, órgão da mente. PORTANTO, TODOS OS ÓRGÃOS COM SUAS CÉLULAS ESTÃO RELACIONADOS COM A MENTE E PODEM RECEBER COM MAIOR OU MENOR AGRADO SUA INFLUÊNCIA. Essa influência é algumas vezes fraca e inconsciente e outras vezes voluntária e forte.

Pensando-se em algum ácido ou em um manjar saboroso, as glândulas salivares segregam abundante saliva e se faz *água na boca* e no tempo oportuno o estômago reclama por suas contrações causadas pelo suco gástrico. Isso nos leva a confirmar que a causa é mental e QUE O PENSAMENTO PRODUZ UM EFEITO MATERIAL, como o fluxo de saliva e suco gástrico, sem intervenção da vontade.

A corrente mental vem do cérebro pelos nervos até as glândulas salivares e gástricas e põe em atividade as células cujo trabalho tem por veículo a saliva e o suco gástrico, sem ter havido contato material com os alimentos senão apenas pela influência mental do pensamento.

245. Se isto acontece sem a vontade do indivíduo, que aconteceria se o homem concentrasse sua vontade e pensamento em determinado órgão, com o propósito de influenciar mentalmente na atividade sadia das células do referido órgão?

Todo pensamento bom e positivo, como amor, piedade, simpatia etc., eleva o cérebro e transmite pelos nervos uma corrente de vibração que faz vibrar as células na mesma modalidade; porém, se o pensamento é de índole sinistra, como ódio, inveja, rancor etc., transmite uma corrente de vibrações desordenadas e discordantes que perturbam as atividades das células cujos trabalhos serão diferentes ou nocivos, pois perturbações equivalem a enfermidades, e harmonia equivale à saúde.

As emoções e os sentimentos não são mais do que vibrações da corrente mental, portanto influem nas células dos órgãos porque derivam dos pensamentos, e sua influência será sadia ou mórbida, causarão saúde ou enfermidade, segundo seja sua índole harmônica ou desarmônica, agradável ou sinistra.

Do exposto se infere a possibilidade de se infundir saúde, felicidade, harmonia, poder etc., no corpo e suas funções por meio da energia mental aplicada com fins positivos e firmes propósitos, em forma de pensamentos dirigidos à conservação ou recuperação da saúde.

Esta influência voluntária e consciente provocada da mente nas células dos órgãos chama-se domínio mental ou autossugestão.

A autossugestão consciente em geral converte-se em

inconsciente e então se faz o hábito ou costume, e as células, como seres vivos, adquirem pelas repetições o hábito de fazer constante e automaticamente, sem a intervenção da vontade, tudo o que lhes foi induzido por meio daquelas repetições, QUE SÃO FATORES E ORIGEM DO VÍCIO E DA VIRTUDE. A energia mental aplicada conscientemente a determinado órgão faz com que as células obedeçam à sua influência e trabalhem no sentido que se lhes ordene. Tal é o significado da autossugestão ou do poder da mente sobre a matéria.

Nestas poucas páginas foram resumidas todas as leis de psicologia e de psiquiatria. Disse o mestre: "Tal como o homem pensa em seu coração, assim ele é. Porque é verdade que nas condições de saúde física e moral, nas qualidades do caráter e no estado do organismo, acaba por prevalecer tudo quanto se tenha pensado e imaginado; porque todo pensamento ou autossugestão está intimamente relacionado com a imaginação em coisas que são naturalmente possíveis".

Todo ser humano deseja a superação, a perfeição, a formosura, a abundância; isso demonstra que o DEUS INTERNO, ao querer expressar seus atributos, acende o desejo na alma, a alma comunica seu desejo à mente que o reveste de pensamento e o transmite por meio de sua energia às células vivas, as que, ao receber ordens do cérebro, põem em marcha todo esforço para realizar o ordenado. Do que se deduz que todo ser humano, consciente e convencido desta LEI, pode entrar no REINO INTERNO e pedir que sua vontade seja feita, "porque a vontade do homem justo é a mesma vontade de Deus".

Três são os fatores:

1) O alimento são e puro do corpo mental é a afirmação construtiva e positiva; logo, deve-se meditar em alguma coisa construtiva, como, por exemplo, saúde, alegria, abundância, bem-estar etc.

2) Imaginar que estes dons o são em si mesmos e que também são parte integrante da sua natureza. Todos os dons são heranças dadas do PAI A CADA UM DE SEUS FILHOS, SEM PREFERÊNCIAS NEM EXCEÇÃO ALGUMA, E QUE SOMENTE O FILHO, POR IGNORÂNCIA E PELO MAU USO DE SUAS FACULDADES MENTAIS, FOI PRIVADO DESTA HERANÇA DIVINA.

3) Depois de visualizar consciente e perfeitamente o que deseja, materializá-lo por meio do DIVINO VERBO AFIRMATIVO. Se se trata de saúde, deve-se afirmar repetidas vezes, conscientemente:

EU SOU DEUS EM SUA MANIFESTAÇÃO PERFEITA. EM SOU SAÚDE NESTE CORPO QUE É O MEU TEMPLO.

14. O mestre perfeito deve estudar a religião dos sábios

246. O universo tem sua filosofia.

A filosofia do universo chama-se cosmosofia.

Cosmosofia é a ciência que estuda a união do espírito com a matéria.

A finalidade da cosmosofia é estudar a causa e efeito dos fatos e suas leis respectivas.

247. A RELIGIÃO DOS SÁBIOS

A cosmosofia tem métodos simples e se divide em duas épocas ou períodos: o período analítico e o período sintético.

O período analítico estuda os elementos que compõem o universo antes de ter movimento.

O período sintético é o estudo da ação do espírito infinito sobre a matéria infinita.

A conjugação do espírito com a matéria assinala o primeiro passo do progresso.

O período sintético se divide em duas épocas: a época cosmogênica e a época humana.

A primeira época é a absorção do espírito pela matéria, é o espírito em estado latente (CAOS). A segunda é a luta do espírito contra a matéria, com o objetivo de manifestar-se cada dia, mais e mais.

A época cosmogênica é a do desenvolvimento da matéria até a formação do homem; a época humana é a do desenvolvimento paralelo da matéria e do espírito desde a formação do homem.

O Apocalipse é a continuação da época humana muito além dos limites da terra.

248. OS INFINITOS

"Em princípio criou Deus o céu e a terra". E que havia antes do princípio?

Havia o caos ou a confusão. Mas caos de quê, e confusão em quê?

O caos não era Deus.

Se existiu antes da criação é porque deve haver existido alguma coisa em caos, fora de Deus, e que não era a obra de Deus. Logo, Deus não criou todas as coisas e o caos é coeterno a Deus.

O tempo que deve medir a duração do caos deve ser eterno como é o caos eterno; logo, o tempo não foi criado por Deus; é coeterno a Deus e ao caos.

O caos, ou o conjunto em confusão, é a matéria que existia sem a manifestação do espírito, que foi latente nela e por esse motivo a confusão reinava em suas moléculas, átomos ou princípios materiais.

249. DEUS É ESPÍRITO — O CAOS É MATÉRIA

Logo, a matéria é eterna, e por conseguinte, é infinita e deve existir num espaço infinito que mede sua extensão como o tempo mede sua duração.

Então, Deus não criou o espaço, nem o tempo, nem a matéria. Logo, Deus-espírito, caos-matéria, tempo e espaço são coeternos e coinfinitos.

250. CONCEPÇÃO DO INFINITO

Nossos sentidos finitos abarcam somente uma parte do infinito.

Se um olho corre com a rapidez da luz no espaço infinito estará sempre no princípio de sua viagem. Tem razão a antiga definição do universo como "uma esfera infinita cujo centro está em toda parte e a circunferência em nenhuma".

251. DO FINITO AO INFINITO

A fusão de várias distâncias perceptíveis a outras distâncias semelhantes até o infinito, produz, *a priori*, o sentimento de espaço infinito.

Para sentir o infinito é necessário subir numa escala sem fim de fatos finitos.

O espaço conhecido não é o todo. É somente a fusão de partes de espaço ou extensões unidas umas às outras até o infinito.

O espaço infinito não existe para nós, e sim, uma infinidade de extensões semelhantes às que conhecemos; logo, não existe como totalidade e sim pela condição de existir como partes.

O tempo é como o espaço. O tempo infinito não é o todo que abarcamos. O espírito preso na matéria não pode elevar-se, em sua percepção, a fatos abstratos e morais ou além do que podem perceber os sentidos nos fatos físicos.

Entre o espaço e o tempo há paralelismo.

Entre o espírito e a matéria há paralelismo.

Entre a alma e o corpo há paralelismo.

Logo, há paralelismo entre nossa percepção moral e nossa percepção física: isto é, entre nossa inteligência e nossos sentidos.

O tempo infinito escapa ao domínio de nossa inteligência. O espaço infinito não é dominado pelos sentidos.

Há fragmentos de tempo denominados DURAÇÕES, que percebemos pela inteligência à medida que se nos apresentam.

O conjunto destas durações que percebemos com outras durações, semelhantes ou iguais, e isto até o incomensurável, dá-nos a ideia do infinito, que consiste, para a inteligência, em infinidades de durações das quais conhecemos e medimos algumas partes.

Logo, o tempo infinito se compõe de durações finitas e o espaço infinito se compõe de extensões finitas, as que se podem medir por nossa inteligência e por nossos sentidos; porque ambos, o tempo e o espaço, não existem como INTEGRIDADES e sim como partes.

252. A MENTE E O INFINITO

A mente finita não pode perceber o infinito.

O infinito está além dos limites da mente finita, porque está submerso por seus dois pontos no desconhecido.

O infinito do tempo é a ETERNIDADE, que existe antes e depois da parte da duração que conhecemos.

A inteligência finita não pode COMPREENDER, a Infinita ou eternidade.

Compreender moralmente é como sentir fisicamente.

Compreensão é o conhecimento pela inteligência; sentir é o conhecimento pelos sentidos.

A IMENSIDADE do espaço, de que conhecemos apenas uma parte, — a extensão — está submersa no desconhecido.

253. O TEMPO ETERNO E O ESPAÇO INFINITO

Que é o tempo?

O tempo não é nada e não existe por si mesmo. É a ausência do espírito, o vazio imaterial. Existe na mente comum a condição de ser medido por um ser positivo eterno.

Que é o espaço?

Espaço não é nada e não existe por si mesmo. É a ausência da matéria, o vazio material. Existe na mente comum a condição de ser medido por um ser positivo infinito.

O eterno e o infinito no tempo e no espaço são um para o outro como o é o espírito para a matéria.

Eterna é a imensidade moral; é o atributo primordial do espírito e de seu correlativo, o tempo, e SEM AQUELE ATRIBUTO, nem o espírito nem o tempo existiriam.

A eternidade é a qualidade, o atributo do espírito e do tempo.

Infinito é a imensidade física, é a qualidade primordial da matéria e de seu correspondente, o espaço. Sem aquela qualidade, nem a matéria nem o espaço existiriam. Logo, o infinito é a condição de ser, da matéria e do espaço.

Se o espírito é infinito em duração não tem limites em extensão.

Se a matéria é infinita em extensão não pode ter limites em duração.

Consequentemente, o espírito sem ser material é infinito no espaço como o é o tempo; e a matéria, sem chegar a ser espírito, é infinita no tempo como o é no espaço.

Logo: a palavra INFINITO e a qualidade do INFINITO podem ser aplicadas ao tempo como ao espaço, e pode-se dizer infinito tratando-se do tempo, como se pode dizer infinito tratando-se do espaço.

254. O INFINITO É INFINITO EM TUDO OU NÃO É INFINITO

O infinito em um dos seus atributos é também infinito em todos. Assim, o espírito não pode ser limitado em duração e limitado em extensão. Da mesma forma a matéria não pode ser limitada em extensão e limitada em duração.

Se o espírito é poderoso e bom, ele é infinitamente poderoso e infinitamente bom. Igualmente, se a matéria é inerte e extensa, ela é infinitamente inerte e infinitamente extensa.

Logo, o infinito não pode ser criado porque criado quer dizer limitado em duração.

Consequentemente, o infinito é incriado e o que é incriado tem de ser infinito.

255. A NATUREZA REPELE O VAZIO — TODO VAZIO TEM DE SER PREENCHIDO

Reconhecendo-se que o tempo é infinito e o espaço infinito, reconhece-se que existem dois vazios — um, o do espírito, e o outro o da matéria.

Se há dois vazios infinitos, deve haver duas formas infinitas: uma, espírito, e outra, matéria, para encher estes vazios.

Se só existisse a matéria no espaço, o tempo não teria razão mais que o tempo, o espaço não existiria.

Se só existisse a matéria no espaço, o tempo não teria razão de existir.

256. ESPÍRITO E MATÉRIA — TEMPO E ESPAÇO

Existem dois vazios infinitos e são necessários dois positivos infinitos para enchê-los. Um só positivo infinito não é suficiente para encher os dois vazios infinitos de uma vez.

A matéria, por exemplo, não pode encher o espaço e o tempo de uma vez porque a matéria sem o espírito não reúne, em si só, todas as propriedades correlativas às propriedades do tempo, nem reúne as propriedades correlativas às do espaço.

A matéria sem o espírito seria imensa extensão, infinitamente inerte, sem movimento, sem ação, incapaz de dividir-se em si mesma. Ela não teria princípio nem fim e permaneceria eternamente a mesma, sem possuir partes e sem necessidade de aplicar o tempo na duração e transformação de suas partes.

O tempo, em sua essência, é um vazio moral, infinito, que se compõe de uma infinidade de vazios morais ou artes de vazios chamados durações.

Se o tempo infinito é correlativo à matéria infinita, resulta daí que as partes do tempo infinito devem ser igualmente correlativas às partes da matéria infinita.

Se não existisse o espírito, a matéria não poderia dividir-se em partes. Se a matéria não se dividisse em partes, não poderia ter nada que fosse correlativo com as partes do tempo ou suas durações.

Se as partes da matéria nada tivessem de correlativo com as partes do tempo, então a matéria infinita não seria correlativa ao tempo infinito.

O espírito, que é a ação por excelência, não pode manifestar-se fora da matéria, e a matéria não poderá nunca dividir-se sem a ação do espírito nela.

A ação do espírito divide a matéria em partes, e assim será a matéria suscetível à duração do tempo que pode ficar sob nossos sentidos.

257. O ESPÍRITO — CORRELATIVO DO TEMPO
A MATÉRIA — CORRELATIVA DO ESPAÇO

O espírito é imperceptível aos sentidos; logo, é imaterial, quer dizer, ele não é nem grande nem pequeno; nem

largo nem estreito; nem grosso nem fino; nem pesado nem leve.
 Sem dúvida possui uma qualidade que lhe é própria, que é a EXISTÊNCIA.
 Se sua existência não teve princípio, ela não poderá ter fim; logo, o espírito é eterno.
 O primeiro atributo ou qualidade do espírito é sua EXISTÊNCIA, que é independente de toda ideia do espaço, enquanto que ela não se pode separar da ideia do tempo.
 Então o tempo é infinito, mas não é espaço infinito, que é o correlativo do espírito infinito.
 Logo, o tempo infinito é o correlativo do espírito infinito e o espaço infinito é o correlativo da matéria infinita.
 Logo, o espaço é infinito e o tempo é eterno.

258. OS DOIS CORRELATIVOS ESTÃO LIGADOS
 Todo ser existente tem, obrigatoriamente, seu correlativo, como a matéria o é ao espaço e reciprocamente.
 Se o correlativo é infinito, o ser que lhe corresponde é igualmente infinito.
 Dois infinitos não se limitam quando um é a negação do outro.
 O tempo infinito que é negativo não limita o espaço que é outro infinito negativo e reciprocamente.
 Logo, nem o tempo limita o espaço, nem o espaço limita o tempo; o espírito não limita a matéria, nem a matéria limita o espírito.
 O espírito e a matéria não se limitam porque o espírito é a negação da matéria e a matéria é a negação do

espírito. Com efeito, as propriedades do espírito como imaterial são essencialmente opostas às propriedades da matéria como forma.

O espírito é imaterial e ativo; a matéria é extensa e passiva. O imaterial é a negação da extensão. A qualidade do ativo é a negação da qualidade do passivo e reciprocamente.

Por conseguinte, existem quatro infinitos: dois infinitos negativos: O TEMPO E O ESPAÇO, e dois infinitos positivos: O ESPÍRITO E A MATÉRIA.

A cada infinito negativo corresponde um infinito positivo: o tempo tem como correlativo o espírito; o espaço tem como correlativo a matéria.

Também se pode dizer: cada infinito tem como correlativo o outro negativo, isto é, tempo-espaço; e cada infinito positivo tem como correlativo o outro infinito positivo, isto é, espírito-matéria.

A razão é que o infinito tem dois sentidos, o da duração e o da extensão. Sem dúvida, o infinito em duração e o infinito em extensão não formam mais que UM SÓ INFINITO em duração e em extensão.

Logo, dois infinitos diametralmente opostos como o tempo e o espaço, como o espírito e a matéria, são correlativos e nunca se limitam.

Dois infinitos se limitam se são idênticos; isto é, dois espíritos infinitos se limitam como se limitam duas matérias infinitas; porém supor sua coexistência seria o maior dos absurdos.

259. NATUREZA DO ESPÍRITO E DA MATÉRIA

O espírito e a matéria são eternos, infinitos, existiam simultaneamente.

Eternos, infinitos, porque não foram feitos, isto é, são INCRIADOS.

Suas existências simultâneas demonstram que não eram uma finalidade, senão um meio e que, pela união de ambos, chega-se à finalidade.

A FINALIDADE ERA A ORGANIZAÇÃO DA MATÉRIA PELO ESPÍRITO E PARA O ESPÍRITO.

E disso resulta que o espírito teve ação sobre a matéria e que o espírito foi o princípio do movimento e conseguinte e o SER SUPERIOR.

Logo, o espírito é ativo, e se ele se pode ativar e mover-se dentro dos limites de seus atributos, é então poderoso dentro desses limites.

A matéria sendo inativa é impotente.

Se o espírito é poderoso é então onipotente, porque não existe poder fora dele, e é PORQUE O ESPÍRITO É INFINITO EM TODOS OS SEUS ATRIBUTOS COMO É INFINITO NO TEMPO.

LOGO, O ESPÍRITO É TODO-PODEROSO.

SEM DÚVIDA O ESPÍRITO TEM SUAS LEIS E NÃO PODE DERROGAR AS LEIS DE SUA PRÓPRIA NATUREZA.

A primeira lei do espírito é ser imaterial, porque se deixa de ser imaterial, deixará de ser espírito.

Então, o espírito não pode ser matéria e se ELE não pode ser matéria, logo, não pode ser TODO.

Porque se o Espírito tem o poder de ser ou fazer-se

TODO, teria consequentemente o poder de fazer-se nada ou anular-se.

Logo, o espírito é o que é e não pode deixar de ser o que é; portanto, o espírito não pode transformar-se, nem estender-se, nem limitar-se; ele é puramente espírito.

O espírito não criou a matéria e não pode anulá-la. Da matéria ele nada pode criar que não seja matéria. Logo, o espírito não pode criar ou fazer do nada alguma coisa e de alguma coisa fazê-la voltar ao nada.

O espírito é onipotente na manifestação de sua atividade sobre a matéria.

O resultado da ação do espírito sobre a matéria nos dá o segredo de sua onipotência.

O primeiro atributo da onipotência do espírito é a organização do universo.

O espírito terá ação sobre a matéria para transformá-la em primeiro trabalho, primeiro resultado ou primeiro feito de série de trabalhos, resultados ou feitos futuros que têm por objetivo ou finalidade O PROGRESSO.

O espírito, então, é TODO-PODEROSO porque conduz à uma finalidade, isto é, AO PROGRESSO — e disso resulta que o ESPÍRITO É IMPOTENTE EM FAZER AQUILO QUE NÃO SE ENQUADRA NO SENTIMENTO DO PROGRESSO.

Não podendo o espírito fazer nada que não seja o BEM, é consequentemente BOM. E como é infinito em todos os seus atributos e qualidades que lhe são essenciais, o ESPÍRITO É INFINITAMENTE BOM, COMO É INFI-

NITAMENTE PODEROSO, e mesmo ELE É ETERNAMENTE TODO-PODEROSO PORQUE É ETERNO OU INFINITO NO TEMPO.

Em resumo: os três atributos essenciais do espírito são: INFINITO, PODEROSO e BOM.

260. ATRIBUTOS DA MATÉRIA

A matéria tem também seus atributos e suas leis. Além de infinita, ela possui o atributo da extensão, que a faz perceptível pelos sentidos, em oposição ao espírito, que possui a qualidade da extensão e não é perceptível aos sentidos.

A primeira essência da matéria foi no estado de átomos ou moléculas.

Átomo é a menor parte da matéria que foi dividida em duas partes, porém, cada uma delas se converteu, por sua vez, em átomo completo e perfeito.

Logo, poder nenhum pode anular coisa alguma e a matéria, ainda que reduzida ao estado atômico, nunca perderá sua propriedade de extensão.

A matéria é inerte; o espírito opera nela.

A inércia é a negação do movimento, o defeito da ação, o oposto do poder — EXTENSÃO E INÉRCIA são as duas qualidades essenciais da matéria que a fazem inferior ao espírito.

O poder do espírito dá o impulso à inércia da matéria — a inércia da matéria obedece ao impulso do espírito.

Logo, a matéria e o espírito não são uma finalidade:

ele opera nela e o espírito é o complemento da matéria porque ela expressa a ação DELE. Cada um necessita do outro e justifica sua existência.

Logo, a matéria e o espírito não são uma finalidade; eles não são mais que um meio. O UNIVERSO É O OBJETIVO OU FINALIDADE DELES.

261. FINALIDADE OU OBJETIVO DOS INFINITOS *Leis do Progresso.*
No princípio era o espírito que enchia o tempo.
No princípio era a matéria também que enchia o espaço.

Fora do espírito e da matéria não existia nem poderia existir nada, porque o espírito ocupava a eternidade no sentido da duração e a matéria ocupava o infinito espaço no sentido de extensão.

O espírito e a matéria coeternos, coinfinitos, não se limitam, assim também como o tempo e o espaço não se limitam; porque o espírito é a negação da matéria e a matéria é a negação do espírito.

O espírito e a matéria existiam conjuntamente porque precisavam um do outro.

O espírito era o objetivo da matéria; a matéria era o meio do espírito.

O espírito atuava na matéria inerte em face do resultado comum do espírito e da matéria.

A ação do espírito sobre a matéria tinha um resultado combinado: o objeto da primeira ação era o meio para uma segunda ação e esta segunda ação era o ponto de partida de um segundo movimento para chegar a um segundo objetivo ou segunda realização, e assim sucessivamente, até chegar às alturas da PERFEIÇÃO, isto é, ATÉ O INFINITO.

Este movimento, ou esta busca da perfeição absoluta, a que não se poderá chegar nunca, nem alcançar, chama-se PROGRESSO.

O ESPÍRITO QUE IMPRIME O MOVIMENTO É O PRINCÍPIO DO PROGRESSO. A MATÉRIA QUE RECEBE A IMPRESSÃO É O MEIO DO PROGRESSO.

Logo, o progresso é infinito, como seu princípio, seu meio e sua finalidade.

Nenhuma realização do progresso é definitiva; cada uma delas é o objetivo de outras realizações e ao mesmo tempo um meio para outras que virão a seguir. De maneira alguma nenhum feito será definitivo e o último na escala do progresso.

O progresso é o movimento — quando há movimento, caminha-se — quando se marcha, ganha-se terreno — ganhar terreno é deixar o terreno em que se está para caminhar sobre outro que está adiante.

O ser que caminha em direção ao progresso não caminha contra a vontade; ao contrário, ele tem a liberdade de escolher: ou de se deter, ou de retroceder, ou mesmo de avançar — isto é, é livre em seus movimentos.

Se o ser capaz de progresso não se detém em seu lugar, é porque encontra vantagem em passar a outro terreno que está além. Se existem vantagens no terreno que está adiante, é porque é melhor que aquele em que ele se encontra. Se enquanto se caminha verifica-se que se chega sempre a terreno melhor, jamais se volta ao terreno abandonado; logo, a humanidade progride, obrigatoriamente, até a perfeição infinita.

O progresso é a marcha contínua e esta marcha contínua é a de um melhor para outro melhor ainda.

Logo, TUDO SE ENCADEIA NO UNIVERSO; O PROGRESSO SEGUE SEMPRE EM SUA MARCHA; TODA COISA NADA MAIS É QUE A CONSEQUÊNCIA DE OUTRA — TODO EFEITO TEM SUA CAUSA.

Bibliografia

Dicionário Maçônico
M. Dioses Atômicas

LEADBEATER............ La Masonería Egipcia
ADOUM, Jorge............ As Chaves do Reino Interno
ADOUM, Jorge............ Rasgando Velos
ADOUM, Jorge............ La Magia del Verbo
ADOUM, Jorge............ La Zarza de Horeb
ADOUM, Jorge............ El Reino
ADOUM, Jorge............ Cosmogénesis
ADOUM, Jorge............ A Religião dos Sábios
ADOUM, Jorge............ Sexo, Religião, Divindade
ANAHÚ......................... A Medicina Universal
RAGÓN......................... La Masonería Oculta
PAPUS.......................... Traté Élémentaire de Science Occulte
F.R.C............................. Cursos Iniciáticos
O.S.R.C......................... De Boca a Oído
C.O.D.L.M.................... De Boca a Oído